Secretos de una mente inteligente

I0412807

Índice

Introducción

La imagen que acompaña a este capítulo fue publicada bajo licencia creative commons en Flickr por el usuario *jasonparis (JasonParis)*

Desde hace tiempo me fascinaron las personas que son mucho más inteligentes que yo. Me impresiona mucho ver que hay gente normal que consiguen resultados extraordinarios.

Lo que más me impresiona es que esa gente, no tenían por qué ser personas con un expediente académico impecable, se trata de personas corrientes. ¿Conoces a alguien así?, estoy convencido que sí.

Después de pasar bastante tiempo interactuando y observando a estas personas, fue cuando empecé a interesarme más sobre la inteligencia. Primero por curiosidad, y luego por querer aprender a ser más inteligente.

Durante muchos años he estado observando y sigo observando a las personas que son más inteligentes que yo. En ellas he visto un factor común, lo que les gusta y motiva lo suelen hacer muy bien. Además, les suele ir bastante bien en la vida, y aquí es importante tener en cuenta que irte bien en la vida no significa únicamente en el plano económicamente o el profesionalmente, sino que les va muy bien la vida que quieren llevar.

Así que, fueron pasando los años, ya más de doce (contando desdel momento de la publicación de este libro) y he aprendido muchísimas cosas, y he podido avanzar en otras tantas.

Así que con ese conocimiento fruto de la observación, y de las diferentes lecturas que he hecho de libros y artículos sobre el cerebro y psicología, me vi motivado a escribir un libro para expresar todo lo aprendido, y así poder compartirlo con otras personas.

¿No te gustaría tener facilidad para resolver tus problemas? ¿Para evitarlos? ¿Para llevar la vida que quieras llevar de forma exitosa?

Si es un sí, creo que estás en el mismo punto en el que estaba yo hace tantos años, igual te interesa saber cómo podrías mejorar tu inteligenia para obtener mejores resultados de los que estás teniendo actualmente, y ahorrarte la cantidad de horas que invertí en averiguarlo yo.

El objetivo de este escrito es intentar dar una descripción de cómo funciona la inteligencia, con el fin de mostrar una visión más sencilla y comprensible de esta cualidad.

A diferencia de lo que se había creído durante mucho tiempo, la inteligencia se puede entrenar, y por tanto, mejorar. Solo es cuestión de algo de disciplina y tenacidad.

No obstante, quiero destacar que la edad es un factor relevante, pues las personas jóvenes tienen mayor plasticidad cerebral que los adultos y por tanto, a estos les será más fácil mejorar habilidades, adaptarse a situaciones que las potencien, y eliminar y adquirir nuevos hábitos.

¡Pero tengo una buena noticia para ti!, la plasticidad del cerebro nunca se pierde completamente, porque es una máquina construída para adaptarse al cambio y aprender durante toda la vida, lo único que tendrás que hacer es dedicare un poco más de esfuerzos, pero seguro que menos de lo que piensas.

Así que, para finalizar este capítulo, solo me queda esperar que disfrutes de la lectura, que el conocimiento que te voy a compartir te sea al menos tan útil como me fue a mí, y por último darte ánimos para empezar a aplicar lo que vayas aprendiendo, ya verás como no es tan difícil avanzar.

Descubriendo qué es la inteligencia

La imagen que acompaña a este capítulo fue publicada bajo licencia creative commons en Flickr por el usuario *somemixedstuff (Davide Restivo)*

Todos tenemos una idea de qué es la inteligencia, se trata de la principal característica del ser humano, pero, ¿me sabrías definir exactamente qué es la inteligencia?

No es tan fácil, ¿verdad? Es normal, la inteligencia es una cualidad que abarca muchos aspectos, por eso cuesta tanto definirla.

En este libro entendemos por inteligencia aquella cualidad del cerebro que nos permite obtener, procesar y utilizar la información de la que disponemos para adaptarnos a diferentes situaciones.

Como ves se pueden diferenciar tres puntos, captación de la información, procesado y utilización. Voy al detalle explicando cada punto.

Cuando hablo de captar la información me refiero tanto a la información interna como la externa. La información interna es la que conservamos en nuestra memoria y la que producimos mediante nuestras reflexiones.

La información externa es la información que captamos del exterior para ese momento, una lectura, una observación, un sonido, etc.

La información captada se procesa para obtener una respuesta o una serie de acciones que nos permitan adaptarnos mejor a una situación en concreto. La forma de procesar la información es compleja, pero interviene tanto la lógica y el buen juicio, como las emociones y las implicaciones personales.

Y por último está la reacción o las acciones a realizar, básicamente esta es la respuesta a la situación dada. Pueden ser respuestas instintivas, a mí me gusta llamarlas automatizadas, porque se pueden modificar (si quieres saber cómo, te recomiendo leerte otro libro mío que hablo sobre: Cómo cambiar de hábitos). Otro tipo de respuestas son las respuestas pensadas y estudiadas.

Esas reacciones van encaminadas a hacerte adaptar mejor a la situación actual. Pero que se busque eso no significa que siempre lo consigamos, porque como decía antes, el procesamiento de la información es muy complejo, y no es fácil ser efectivo en las respuestas

Estas situaciones de las que estoy hablando son un abanico muy diversas: problemas personales, competición deportiva, carrera profesional, etc.

Como el razonamiento se basa en la información de la que disponemos, otro de los aspectos importantes de la inteligencia está obtener información de calidad. Es decir, saber captar información y descartar la que no es útil de la que sí lo es.

La cualidad de la inteligencia, como puedes ir viendo, no es atómica, sino que puede ser vista desde muchos puntos de vista.

Ya de entrada hemos visto que se compone de tres aspectos básicos, entrada, procesamiento y salida.

Pero eso no es todo, porque en realidad, y aquí está la parte interesante y sorprendente, es que está compuesta por una serie de habilidades intelectuales. Estas habilidades son trasversales a cualquier actividad que requiera el uso del cerebro: deporte, matemáticas, arte, relaciones sociales, etc.

Esas habilidades trabajan en conjunción para ayudarnos a obtener mejores resultado tanto en una actividad, en una situación en concreto o en general. Durante el libro vamos a ir profundizando en esas habilidades.

Es posible que hayas observado que hay gente muy buena en unas habilidades y mala en otras, por ejemplo una persona buena en arte, pero mala con las matemáticas. Eso pasa porque esa persona tiene más desarrolladas las habilidades intelectuales en el contexto del arte. Pero sin prisas, que de eso hablamos en los siguientes capítulos, vayamos paso a paso.

Muy bien, pero ¿cuáles son esas habilidades? Las habilidades de las que estoy hablando son el pensamiento lógico, la memoria, la flexibilidad o adaptación, la sensibilidad y la conjunción de todas las habilidades.

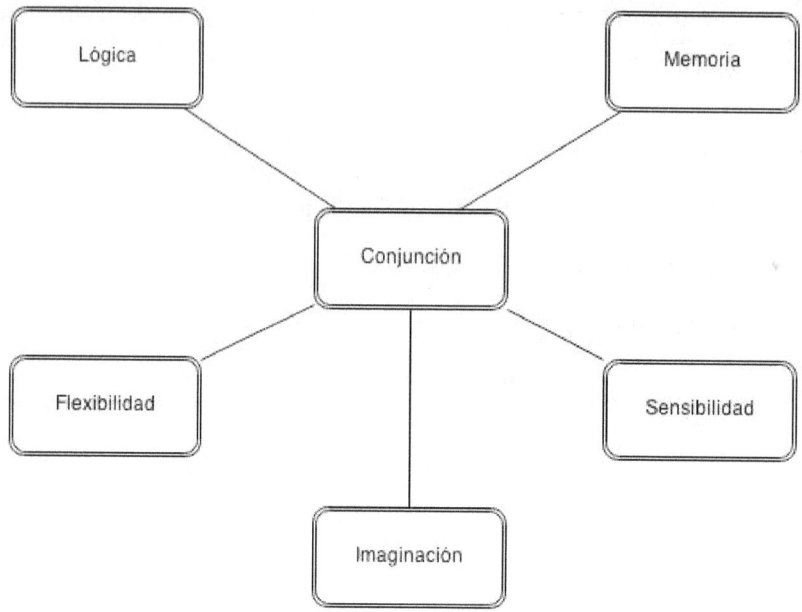

Cada una de las habilidades intelectuales tiene propiedades y características en común. Esas características vamos a explicarlas una a una antes de dar paso a la explicación de cada habilidad intelectual.

Características de las habilidades intelectuales

Antes de seguir con esta sección te recomiendo que tomes aliento. Esta sección es la más densa del libro, aunque he procurado explicarla de la forma más sencilla posible, sigue siendo densa porque hablo de varios conceptos y de la relación entre ellos, así que te recomiendo que te lo leas con calma y con paciencia.

Hay dos características que definen las habilidades intelectuales, estas son el estado de la habilidad y el grado de desarrollo. Parecen lo mismo pero no lo son, porque son dos conceptos muy relacionados. Me centraré primero en explicar cada característica y por último hablaré de la relación entre ellas.

Tener en cuenta estas características es muy importante para mejorar tu inteligencia. Te servirá para tener una imagen clara de cuál es la situación actual de tus habilidades intelectuales. Es importante saber en qué punto estás, y de ese modo podrás ir comparando tus avances con el estado actual, y esto es básico porque te permite no hunidrte y te da ánimos para seguir avanzando.

Estados

El estado de una habilidad intelectual es la reacción emocional que te provoca usar una habilidad. Es decir, qué sientes al verte forzado al pensar con lógica, o al tener que imaginar.

Es muy importante conocer los estados para que no frene tu avance. Por ejemplo, hay un estado que es el de rechazo (lo detallaré a continuación), si no lo conoces, y por ejemplo supón que te produce rechazo acordarte de cosas, mejorar esa habilidad será muy complicado, porque rechazas usarla y no sabrías por qué.

Independientemente de cuál sea la habilidad intelectual que vayas a mejorar, todas ellas van a estar en alguno de los tres estados que te voy a describir a continuación.

Rechazo

Diremos que una habilidad está en el estado de rechazo cuando, si al intentar usar esa habilidad sentimos que nos es muy costoso realizarla o simplemente nos negamos a utilizarla sin tener un motivo claro.

Muchas veces se presenta a posteriori esa reacción. Lo explico con un ejemplo, supón que te piden que imagines una historia, y ves que te cuesta o simplemente te aburre, sin embargo lo acabas haciendo a regañadientes. Si luego te piden imaginar otra historia, te opondrás, verás que no te apetece y empiezas a buscar argumentos para autoconvecerte de que no es necesario (para qué tengo que imaginar otra historia, si a nadie le interesa, si estoy perdiendo el tiempo, etc).

Pues este tipo de reacción es típica del estado de rechazo. Seguro que si haces retrospectiva, recordarás algún momento en que te haya pasado, ¿cierto? Si ahora no te viene ningún caso a la cabeza, te aconsejo que, una vez hayas leído más sobre las habilidades intelectuales, vuelvas a pensar en la situación de rechazo a ver si se ha dado en alguna, estoy convencido que alguna te vendrá a la cabeza.

Normalmente el estado de rechazo se suelen dar en aquellas habilidades que se utilizan con poca frecuencia en tu vida diaria. Además, como ya mencinaba antes, el uso de ésta supone un esfuerzo importante.

¿Y por qué este rechazo? Te estarás preguntando. Pues bien, la explicación a este rechazo viene porque al no ser una actividad que se realice con frecuencia, al final uno se ha adaptado a vivir sin el uso de esa habilidad de forma natural, porque no la necesitas.

Pero esto se retroalimenta porque como no la necesitas, cuando has de hacer uso de esa habilidad, esto supone un esfuerzo extra. Y al suponerte un esfuerzo, dejas de usar esa habilidad.

Piensa que las personas tendemos a minimizar nuestros esfuerzos, ¿pero es que somos vagos? ¡No!, solo que estamos pensados para optimizar la energía, piensa que antaño se tenía que cazar y recolectar para comer, ¡y pensar gasta energía!

Una consecuencia curiosa de este estado es la siguiente: Toda actividad que tenga como habilidad principal una que esté en estado de rechazo, se convertirá en una tarea aburrida y sin atractivo.

Imagínate que sientes rechazo por el pensamento lógico, si tuvieras que realizar una actividad tipo encajar piezas o resolver problemas, te parecería una tarea de lo más aburrida y frustrante, ¡no querrías realizarla porque no va contigo! Pero la realidad, es que el estado de rechazo está jugando su papel a las mil maravillas.

Aceptación

Este es el estado más común de las habilidades. Cuando utilizas una habilidad intelectual que está en este estado, no se suele sentir un estímulo emocional ni positivo ni negativo, únicamente se utiliza porque se necesita, sin más.

Un ejemplo sería una persona en la que tenga que memorizar cosas como por ejemplo llamadas, reuniones, etc. No siente rechazo, pero tampoco siente placer al memorizar, pero simplemente lo hace y lo hace bien.

Lo que está pasando, es que estás aceptando el uso de esa habilidad. Como ya he comentado antes, este estado puede ser para una situación en contexto o en general.

Usando el ejemplo anterior, un contexto concreto podría ser el contexto laboral. Supongamos la siguiente situación, igual no tienes problemas en memorizar todas esas cosas en el trabajo pero fuera de él, simplemente, rechazas tener que memorizar más cosas, o no te apetece realizar tareas que requieran usar la memoria. Los motivos de ese rechazo pueden ser muy variados, simplemente describimos una situación a modo de ejemplo.

Continuando con el ejemplo del contexto laboral. Ahora vamos a suponer que el estado de aceptación para la memoria se presenta en cualquier contexto. En ese caso, al salir del contexto laboral no tendrías problemas en realizar tareas que requieran el uso de la memoria.

En consecuencia, lo normal es que cualquier actividad que implique el uso de una habilidad intelectual en este estado será percibida como una tarea más, sin un especial atractivo.

En caso que hubiese rechazo o necesidad, significaría que esa actividad también implica una habilidad intelectual que está en uno de esos estados.

Ten en cuenta que al ser un estado neutro, es decir que no implica ningún estímulo emocional, cualquier influencia tanto negativa como positiva de otra habilidad intelectual, hará que tu interés por esa actividad se vea condicionado por el estado de esa habilidad intelectual

Necesidad

Este estado es el opuesto al estado de rechazo. La reacción emocional que se siente ante el uso de habilidades en este estado es el de la necesidad de seguir usándola.

En este estado también se desencadena una reacción que retroalimenta el uso de una habilidad en el estado de necesidad. O sea, lo que pretendo decir aquí es que, una habilidad en este estado, cuanto más se usa, más refuerza el estado de necesidad de esta.

La explicación es sencilla, utilicemos un ejemplo que ayuda más a entender.

Supongamos que te encanta observar los detalles, es decir, eres una persona con sensibilidad alta. Darte cuenta de detalles, que en muchas ocasiones nadie se ha fijado, te dará una recompensa positiva en forma de satisfacción. Es posible que esa satisfacción sea por el reconocimiento o gratitud por parte de otros o por sentirte útil.

Al recibir esa recompensa positiva, tú asocias el uso de esa habilidad con una recompensa positiva. Como el cerebro siempre busca recibir respuestas o recompensas positivas y el uso de la habilidad de sensibilidad está asociado a una recompensa de ese tipo, por inercia vas usarla más. Recuerda que nuestra mente busca conseguir esa recompensa.

¿Pero qué es exactamente esa recompensa? Esa recompensa es básicamente el estimulo que recibes por hacer algo bien. Hacer algo bien significa realizar una acción que sabes que te va a aportar valor. Por ejemplo mejorar tu estatus social, personal o sentimental, por poner algunos ejemplos.

Por eso que ese estímulo puede llegarte de muchas maneras, como comentaba antes, en forma de reconocimiento ajeno, pues eso te acerca a la gente y te da un respeto. En forma de satisfación personal, por saber que has sido útil, o porque sabes que has evitado un problema por el uso de esa habilidad, etc. Hay más ejemplos que se podrían nombrar hasta llenar varios cientos de páginas, ¡pero las vamos a dedicar a explicar cómo mejorar la inteligencia!

¿Y porqué el cerebro busca ser recompensado positivamente? Porque es el mecanismo que utiliza para aprender, las respuestas negativas nos invitan a no realizar una acción y las positivas a reforzarlas.

El obtener una respuesta positiva normalmente va asociado con muchas emociones unidas como seguridad, satisfacción, realización, etc. Haciendo un símil con la comida, sería como comerse un buen plato, ¿verdad que querrías repetir?, ¡no pienses en el precio!, haz el esfuerzo de imaginar que es gratis por ejemplo.

En cambio la recompensa negativo genera una serie de emociones contrarias a la recompensa positiva, sería como tomar un plato malo, es evidente que no querrías repetir, ¿cierto?

Como ves, es una respuesta más bien institiva o no consciente. Y es por eso que tanto el refuerzo de las habilidades en estado de necesidad, como las habilidades en estado de rechazo se realiza sin que seamos consciente de ello en la mayoría de los casos. Y por eso cuesta tomar consciencia de este proceso, requiere atención.

Para concluir este apartado, lo último que comentaré es que una habilidad en estado de necesidad normalmente suele mostrar como atractivas o interesantes actividades que requieran de esta habilidad.

Grado de desarrollo

Hemos hablado de los estados de las habilidades, pero queridos lectores, esto no acaba aquí, tengo algo más que decir sobre las características de las habilidades intelectuales.

El estado de una habilidad no determina el grado de desarrollo ésta, porque el grado de desarrollo de una habilidad es la capacidad que tiene una persona para usar una habilidad de forma óptima.

Aclaro lo que he dicho antes, porque es un poco denso. Cuando hablo de usar habilidad de forma óptima, me refiero a cuánto provecho le puedes sacar a esa habilidad, o dicho de forma más sencilla, se trata de una forma de casificar el esfuerzo que te supone utilizar una habilidad durante el máximo de tiempo posible y que siga dándote buenos resultados.

A poco grado de desarrollo, implica más esfuerzo durante menos tiempo usando una habilidad en concreto. Sin embargo, si el grado de desarrollo es alto, el mismo esfuerzo supondría mejores resultados durante más tiempo para la misma habilidad.

Para no desviarme del tema, he dejado una sección en este capítulo para hablar sobre la relación entre el grado de desarrollo y el estado de una habilidad. Creo que es interesante porque hay detalles a tener en cuenta.

Características

El grado de desarrollo se compone de tres características que nos ayudarán a definir el grado de desarrollo de ésta. Estas características son la intensidad, la durabilidad y la frecuencia de uso. Como puedes ver, dos de las tres características están orientadas al tiempo durante el cuál puedes trabajar con una habilidad dando buenos resultados.

La otra característica está orientada a la capacidad o profundidad de uso que tiene de esa habilidad. Dicho así queda un poco difuso, pero ahora lo verás más claro cuando lo explique a continuación.

Intensidad

Esta es la única característica que no hace referencia al tiempo de uso de una habilidad.

Cuando hablamos de intensidad de uso de una habilidad, nos estamos refiriendo al nivel de profundidad o de concentración que puedes tener usando esa habilidad.

Dicho de otra manera, cómo de buenos son los resultados que produces realizando una actividad con esa habilidad. Voy a poner un ejemplo práctico que siempre se entiende mejor. Una persona con la habilidad de memoria en un nivel de intensidad alta, será capaz de memorizar muchas más cosas y le costará mucho menos esfuerzo memorizarlas que otra persona que tenga un nivel de intensidad más baja.

Otro ejemplo sería la persona que tiene una intensidad alta en la habilidad de sensibilidad, esta persona será capaz de detectar matíces mucho más sutiles que una persona que tenga un nivel de intensidad más bajo en la habilidad de sensibilidad.

Un buen símil sería un velocista, la punta de velocidad que puede alcanzar ese atleta sería el equivalente al nivel de intensidad de una habilidad.

Como puedes imaginar, esa punta de velocidad no la va a poder mantener siempre, ni durante una carrera, ni en varias carreras consecutivas. Pues exactamente lo mismo pasa con la intensidad en las habilidades intelectuales.

Durabilidad

La durabilidad es la característica que determina cuánto tiempo puede aguantar una persona enfocado o concentrado en el uso de una habilidad intelectual en concreto. Es decir, durante cuánto tiempo va a poder estar usando esa habilidad intelectual con buenos resultados.

Seguimos con nuestro atleta velocista para explicar esta característica, que nos ha funcionado muy bien en el punto anterior.

En este caso, el equivalente a la durabilidad sería el tiempo por el cuál el atleta sería capaz de correr a una alta velocidad.

Aquí entra un concepto interesante, ese concepto es el de la distancia. Es evidente que nuestro atleta no hará una punta de velocidad igual si tiene que correr una maratón que si tiene que hacer los cien metros lisos.

Así que esta punta de velocidad bajará dependiendo la situación de uso, porque sino podría agotarse demasiado pronto y haría peor tiempo que si hiciese una velocidad más constante.

Esa idea se aplica exactamente igual a las habilidades intelectuales. Realizar picos de intensidad a veces no puede ser tan útil, si tenemos que hacer una tarea que requiera de nuestra concentración, porque al final nos agotaría.

Lo ideal es realizar un esfuerzo contínuo, para evitar agotarnos y así seguir siendo resolutivos. Es ahí dónde entra la importancia de la durabilidad, pues cuánto más desarrollada tengamos la durabilidad más tiempo podremos estar usando una habilidad intelectual con un nivel de intensidad alto.

Frecuencia

La frecuencia de una habilidad intelectual es la frecuencia con la que se usa una habilidad en concreto. Es decir, la capacidad que tiene una persona de usar una habilidad entre pausas prolongadas.

Me explico con más detalle, la frecuencia es la capacidad que tienes de usar una habilidad en diferentes momentos o diferentes tareas con un cierto espacio de tiempo.

Estas limitaciones, tanto la intensidad, como la durabilidad como la frecuencia están establecidas por el agotamiento mental. Esta idea de agotamiento es muy similar que el agotamiento físico, pero es en nuestro cerebro.

Las principales consecuencias son la dificultad por realizar el mismo esfuerzo en forma de pereza, falta de ganas o malos resultados.

Para hacer entender un poco mejor la idea de frecuencia y cómo le afecta el concepto de agotamiento mental, volveré con nuestro atleta, que nos está siendo muy útil.

Sabemos que en una carrera en la que imprimes una intensidad muy elevada agota, también sabemos que si estás en una carrera en la que tienes que estar corriendo durante mucho rato también agota. Pues también agota tener que realizar varias carreras en el mismo día o en diferentes días.

Eso se acusa mucho en un campeonato en el que se compone de varios días de competición, nuestro concepto de frecuencia, sería la capacidad que tiene ese atleta de mantener su ritmo durante el transcurso de los días de la competición.

En el caso de la inteligencia, pasa lo mismo. Cuando tienes que realizar tareas que exigen un uso importante e intenso de tus habilidades intelectuales, al final tu rendimiento baja. Y por eso, si tienes un nivel de frecuencia elevado podrás aguantar mejor y rendir mejor durante esos días.

Aclararé un tema, el espacio de tiempo no tiene por qué ser un día, podrían ser horas, minutos o incluso semanas. Y también ten en cuenta otro tema, no tiene por qué ser siempre horas, o días, etc. Además el espacio de tiempo puede ser variable.

Pero en este libro no vamos a entrar tanto en detalle, aquí lo importante y para no hacerlo todo más diícil, es la idea de cansancio acumulado. A más días, horas, minutos, etc, de exigencia, más difícil es mantener el rendimiento.

Relación con estados de una habilidad

Una vez hemos visto y he explicado qué piezas componen las habilidades intelectuales (estados y grado de desarrollo), voy a explicar cómo se relacionan entre sí.

Como habrás podido imaginar, y como pasa en muchos otros contextos; en la naturaleza, en las relaciones personales, en el mundo de la física, etc. El estado y el grado de desarrollo no son conceptos independientes y aislados, sino que guardan relación entre sí, es decir, que se influyen los unos a los otros.

He aquí la dificultad de este capítulo, y es dónde pido más atención. Lo explicaré con ejemplos que se verá más claro.

Por ejemplo, una habilidad en estado de rechazo será más propensa a tener un grado de desarrollo bajo. Eso no quiere decir, que siempre sea así, pero que por lo general sí.

¿Y eso por qué? Porque al estar en estado de rechazo, se hace poco uso de ésta, como ya se comentó anteriormente. Al hacer poco uso de esta habilidad, se va perdiendo práctica y se va perdiendo capacidad de uso.

Si volvemos al ejemplo del atleta, nuestro querido atleta (al final le pondré un nombre). Imagínate que empieza a hacer maratones, pero no le acaba de gustar. Durante un tiempo lo intenta y mejora un poco sus tiempos, pero acaba cansándose y al final desiste y siempre que le piden hacer una maratón la rechaza.

Si algún día decide realizar esa maratón, cosa rara porque ya sabemos que no le gusta, casi con toda seguridad hará peores tiempos que cuando intentó entrenar y mejorar su marca de la maratón.

Pues con las habilidades intelectuales, el concepto es el mismo. Como ves, se asemeja mucho al deporte o al rendimiento físico del cuerpo humano. La realidad es que así es, y como ya se ha comentado anteriormente, también sufrimos fatiga intelectual y por eso es bueno cuidar los sobreesfuerzos que hacemos. De eso hablaremos en otros capítulos con más detalle.

Pasamos a hablar de la influencia del estado de aceptación. Cuando una habilidad intelectual está en estado de aceptación, la relación que hay entre grado de desarrollo y el estado es más difusa. Esta incertidumbre viene dada porque al ser un estado neutro, no genera una influencia importante en el grado de desarrollo de ésta. Por eso, el grado de desarrollo está más influenciado por el uso diario o por la voluntad que tengas de mejorar esa habilidad.

Así que, una habilidad que esté en estado de aceptación podría tener un grado de desarrollo bajo, aunque también podríamos encontrar una habilidad con un grado de desarrollo alto, y las dos podrían estar en estado de aceptación.

Como el estado de aceptación es el más común, y la mejora de la habilidad en ese estado depende más de nuestra voluntad y práctica, pues en consecuenca, la mejora de cualquier habilidad en ese estado no se hace tan complicada.

Y como es el estado más común, la mejora de cualquier habilidad intelectual, en general no acaba siendo tan costosa. Así que, ¡un punto más para animarte a que mejores tu capacidad inteletual!

Por último hablaré del estado de necesidad. Como ya comentamos en su apartado, se trata del caso opuesto al estado de rechazo.

¿Qué quiero decir con eso? Pues que a diferencia del estado de rechazo, aquí al necesitar el uso de esta habilidad, lo normal será que el grado de desarrollo de ésta sea alto.

La causa viene dada por la práctica, como buscamos usar esa habilidad intelectual porque necesitamos usarla, en consecuencia también iremos mejorando el grado de desarrollo de ésta por su uso.

Haciendo uso del atleta, imagina que le encanta hacer los cien metros lisos, pues en el tiempo que tenga para entrenar e incluso en su tiempo libre, buscará de entrenar y practicar los cien metros lisos. En consecuencia, este atleta al final mejorará su capacidad de correr los cien metros.

Algo muy similar pasa con las habilidades intelectuales al extrapolar ese ejemplo. Sin embargo, no implica que se pueda encontrar algún caso excepcional. Es decir, un caso en el que la habilidad intelectual esté en estado de necesidad pero que su grado de desarrollo sea bajo, por ejemplo a alguien que le encanta la guitarra pero no tiene ni idea de tocar un instrumento.

Este es un caso raro, pero podría darse.

Como ves, y para finalizar, cuando hablo de cómo se influencian los estados con el grado de desarrollo, me refiero al grado de desarrollo de forma genérica, no estoy entrando al detalle de las características.

Eso es porque no he encontrado una relación directa entre cada uno de los estados con cada una de las características del grado de desarrollo.

A base de observar, lo que sí que he visto ha sido que las características mejoran en función del uso cotidiano que se les da a las habilidades intelectuales, o dicho de otra forma, los hábitos que tengas influenciarán sobre las diferentes características del grado de desarrollo.

Para saber más sobre los hábitos y sobre cómo cambiar de hábitos, te recomiendo que te leas un libro que escribí sobre el cambio de hábitos.

Pensando con lógica

La imagen que acompaña a este capítulo fue publicada bajo licencia creative commons en Flickr por el usuario *creative_tools (Creative Tools)*

Empezamos con la materia para mejorar tu inteligencia. Aquí vas a ver cómo mejorar el pensamiento lógico.

¿Pero qué es la lógica? Es difícil de definir exactamente, pero una aproximación sería definir la lógica la forma en cómo la información se dispone de forma coherente y consistente.

Esta forma de disponer la información, puede ser transferida a los objetos materiales, un ejemplo sencillo serían los puzzles, o la ordenación de algún conjunto.

Las matemáticas también se basan en la lógica, y fijaros que todo en las matemáticas se basa en información coherente y consistente. Todo lo que se usa en las matemáticas está demostrado y contrastado.

Desde mi punto de vista, y esto es una opinión personal, las matemáticas son la expresión más avanzada que tenemos las personas de expresar la lógica. Está claro que me gustan, ¡¿verdad?!

Sigo con la definición de lógica. Cualquier razonamiento lógico está compuesto por una serie de segmentos, estos segmentos o axiomas, son los que al disponernos nos dará el argumento final.

Esta claro que si alguno de estos segmentos es incorrecto o no es válido, todo nuestro razonamiento lo es, es de sentido común, ¿no? O también podría decir que es lógico, ¿cierto?

La forma en cómo se disponen y como se ordenan esos segmentos, y qué segmentos se utilizan, definen el argumento lógico.

En las siguientes tres seccoines aprenderás a encontrar razonamientos lógicos óptimos, o dicho de otra forma, razonamientos lógicos que te darán la razón en la mayoría de casos.

Piezas que no encajan

En un razonamiento lógico óptimo, ninguno de los segmentos que utilices debe sobrar. Ninguna pista, por rara que parezca, sobra.

La tendencia natural que tenemos es que, al encontrar un segmento que no encaja o que aparentemente no parece útil, se descarta por raro o porque a simple vista no tiene sentido.

Mi experiencia me dice lo contrario, cuando encuentras un punto así, estás ante la clave del problema o una de las claves del problema y es donde hay que prestar especial atención.

Repito, ante situaciones así, prestar especial atención porque un elemento raro suele ser mucho más importante de lo que aparenta inicialmente, no descartarlo.

A veces, esa situación de que algo falta, o que no acaba de encajar todo está en la propia solución. Ésta no acaba de ser totalmente estable, algo le falta, pues ese es otro claro síntoma de que la solución no es la óptima y que por tanto, es muy probable encontrar una solución mejor.

Normalmente, cuando encuentras una situación de ese tipo suele deberse a dos causas.

La primera puede ser que la ordenación de los segmentos no es del todo correcta (hay un apartado en este capítulo que explico eso).

La otra causa, suele ser por falta de información, la información que envuelve a ese segmento es incompleta y por eso suena rara. Cuando se tiene toda la información cobra sentido y encaja mejor con el resto de segmentos.

Yo por lo general hago lo siguiente ante una situación rara, primero empiezo a probar diferentes ordenaciones, todas las posibles, por si me he dejado algo. Cuando veo que no encaja de ninguna manera, empiezo a investigar más sobre ese segmento por si me falta información.

En general, después de investigar sobre ese segmento, acabo consiguiendo información nueva, que me hace la ordenación mucho más fácil y me da un resultado estable. O sea, me da un resultado bueno y óptimo.

Segmentos que faltan, segmentos que sobran

Este punto puede parecer que entra en conflicto con el anterior, por eso es importante que lo intente dejar claro y que se lea con atención.

Hay casos en los que puede parecer que faltan segmentos o bien que sobran. Aunque la solución parezca estable, es decir, que parezca buena, si tenemos la sensación de que nos falta algún segmento, o bien que nos sobra algún segmento, estamos ante un posible razonamiento incompleto.

La acción a tomar si falta un segmento es sencilla, se trata de examinar mejor si hemos encontrado todos los segmentos, ser más metódico y detallista, y una vez se encuentran los segmentos que faltan, todo parece encajar de forma más consistente y correcta.

El punto que puede entrar en conficto con el anterior es en el caso que sobre un segmento. Cuando eso pasa, pero vemos que ese segmento no encaja por ningún lado, suele ser un síntoma de que, o bien ese segmento es incorrecto, o bien estamos ante una disposición incorrecta.

Explicaré solo qué hacer si vemos que ese segmento es incorrecto, porque si se trata de una mala disposición de los segmentos, ya lo expliqué en el apartado anterior.

Cuando sabemos que un segmento no es correcto, una reacción natural sería dejarlo, obviarlo, no tenerlo en cuenta.

Antes de hacer eso, hay que asegurarse si, lo que nos ha pasado ha sido que hemos mal interpretado el contexto y hemos encontrado un segmento que no es correcto. Eso no quita que igual falte un segmento, o bien que ese segmento incorrecto sea cercano al que le falta.

De ser así, la única solución está en buscar más información sobre el contexto. Antes he comentado sobre buscar más información en un contexto, pero ¿cómo se hace eso?

Pondré varios ejemplos, el primero es con el típico problema de lógica. Aquí, en general, la información está autocontenida en el enunciado, y se trata de leerlo bien. Los segmentos serían las suposiciones que hacemos, y se trata de estar atentos para no contar con una suposición incorrecta y que nos haga difícil resolver el problema.

Te pongo un ejemplo:

¿Cómo escaparías de una isla desierta llena de vegetación deseando de arder, donde no puedes ir al agua porque hay unos acantilados enormes que te matarías si te tiras, y la isla empieza a arder por un extremo y el viento empuja el fuego hacia tí?

La mayoría de gente empezará a pensar lo más común, cavar un agujero, cortar la vegetación, etc. Esas son soluciones válidas, pero como el viento sopla hacia nosotros, las invalida.

Vemos que pensamos soluciones y ninguna acaba de encajar, todas tienen un pero, o un depende. Eso es un claro síntoma de que falta información.

Ahora bien, si miras bien el enunciado, esta ya te provee de todo lo que necesitas saber. El fuego sigue una única dirección, toda la isla prende por igual y tarda en llegar a ti, ¿qué hacer?

Pues coges unas ramas, las prendes y prendes una línea de fuego y que deje un espacio de varios metros entre el frente inicial y el que creas. Como el viento sopla igual en toda la isla, el viento avanza por igual y nunca te quemarás, cuando la vegetación se acabe, el primer frente llegará a la zona que has quemado que ya estará fría y no prenderá más.

¿Te has fijado en este ejemplo? En realidad no faltaba información, estaba toda la información que necesitabas. Lo que pasa es que es fácil caer en la tentativa de buscar segmentos extra para buscar una explicación, cuando en realidad no hace falta.

Por eso es importante que, antes de empezar a buscar segmentos nuevos o a suponer cosas, te asegures que todas las piezas de las que dispones son válidas. Y que pruebes todas las ordenaciones posibles antes de pensar en buscar o descartar segmentos.

Keep it simple and small

Esta es quizás el factor común en cualquier razonamiento lógico. El razonamiento lógico más correcto es el razonamiento más sencillo, fíjate que esto está basado en el **principio de la navaja de Ockham**:

> *Cuando dos o más explicaciones se ofrecen sobre un mismo fenómeno, la explicación completa más sencilla es la más adecuada.*

¿Esto qué nos está diciendo? Que para un razonamiento, el más adecuado es aquél que con menos segmentos nos ofrece el razonamiento lógico más completo.

¿Pero esto no contradice con el ejemplo anterior? No, aquí la clave es la explicación completa, el razonamiento completo.

Cuando vemos que nos sobra un fragmento pero al quitarlo el razonamiento no es del todo completo, ¡entonces no hay que quitarlo!

Cuando un razonamiento es completo, pero quitándole un segmento sigue siendo igual o más completo, entonces ¡sí hay que quitarlo!

¿Pero qué es un razonamiento completo? Esta es otra pregunta importante que te deberías hacer.

Un razonamiento completo es aquél en el que vemos que ninguna pieza sobra (ver el primer subapartado de este capítulo), y es aquél al que no le faltan segmentos (ver sección anterior).

En otras palabras, un razonamiento lógico completo es aquél que tiene la suficiente coherencia y consistencia como para que ningún argumento lógico pueda rebatirlo. Es decir, que todos los intentos por realizar un razonamiento lógico que utilices para revocar ese razonamiento, no funcionan.

Si seguimos con el ejemplo del anterior acertijo, cualquier intento por derrumbar la solución se diluyen por si sola, por ejemplo:

- No puedes pasar el fuego de un lado a otro => Falso, puedo cortar ramas y hacer una antorcha, prenderla y llevar el fuego donde quiera.

- No puedes cortar ramas => Falso, en un bosque hay árboles, y ya sea en el subsuelo o en las propias ramas bajas o en los árboles que crecen que podré obtener rápido unas pocas ramas para propagar el fuego. Si no fuera así, no habría nada que quemar y por tanto no me alcanzaría el fuego porque se apagaría.

- El nuevo frente va en dirección contraria a ti, mientras el otro sigue su curso => Falso, el enunciado no dice que pueda pasar eso. Esto es muy importante, hacer caso al enunciado.

- El fuego prende las zonas que ya han sido quemadas => Falso, no hay nada que sirva de combustible y se apagará.

Y así podría rellenar alguna página más buscando argumentos para intentar desacreditar la respuesta y encontraría un razonamiento lógico que tiraría a bajo ese intento de contradecir la respuesta.

La lógica en la vida real

El uso de la lógica en la vida real es mucho más común de lo que nos podemos imaginar inicialmente, se trata de la herramienta más importante para tomar decisiones correctas y para sacar partido a diferentes situaciones de la vida.

Veamos un ejemplo cotidiano. Vas a comprar el pan, y debes elegir entre una barra grande que te cuesta un euro o una más pequeña que te cuesta la mitad. Sabes que la barra pequeña es menos de la mitad que la grande, para saber qué elegir en este caso entra en juego la lógica.

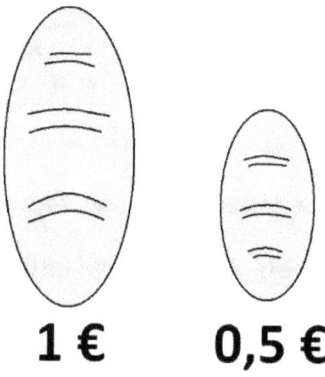

1 €   **0,5 €**

De entrada podrías pensar en comprar la grande, porque te ahorras más dinero. Pero igual te interesa la pequeña, porque no os la vais a comer toda. Razonas que para dejara y tirar comida pues es preferible comprar la pequeña. Aunque también puedes pensar en congelar el pan que no uses y conservarlo, etc.

Como ves, dependiendo de la situación, usarás unos segmentos u otros, pues lo que estaba haciendo anteriormente era recopilar información para obtener mis segmentos. Estos son algunas de las preguntas para obtener esos segmentos:

- ¿Es demasiado pan?

- ¿Puedo aprovechar el sobrante?

- ¿Qué me sale más a cuenta económicamente?

Esa información me dará los segmentos que ordenaré y me ayudará a crear el razonamiento que me permita decidir cuál es la barra de pan que más me conviene.

Evidentemente, ¡escrito es mucho más extenso que en la realidad! La mente va más rápida en estos casos. Suele ir más por varios motivos.

Puede que la respuesta ya la hayamos pensado en otro momento, cuando se trata de una acción cotidiana como esta lo normal sería tener la respuesta debido a experiencias anteriores, es decir, que ya has tenido que pensar en qué es mejor y simplemente aplicas la respuesta que encontraste.

Puede también que tengas la respuesta antes rápido, porque es un tipo de decisiones que debes tomar en otros ámbitos y se aplica. Por ejemplo, en el caso de ir a comprar el pan, si debes comprar más cosas para la casa, pues seguramente hayas tenido que tomar decisiones similares.

En cualquier caso, la lógica nos permite tomar decisiones correctas en base a lo que sabemos. Por lo general, cuánto más desarrollada está la lógica, más facilidad y mejores razonamientos podremos realizar, eso significa, sacarle más partido a los problemas del día a día.

De acuerdo, ¡De poco te servirá para comprar el pan!, pero en la vida real hay situaciones en las que sí te podrían ser muy útil. Otra lista de preguntas para obtener segmentos:

- ¿Me compro un piso o alquilo?

- ¿Me compro un coche de primera mano o de segunda mano?

- ¿Voy de vacaciones con los suegros o con mi pareja a solas?

- ¿Es el momento de cambiar de trabajo?

Podría seguir escribiendo muchas más preguntas y buscar muchos más segmentos aunque no lo haré en este libro porque podría rellenar varios libros como este solo con cuestiones como esas.

Lo que me interesa es que hayas visto el impacto que tiene la lógica en la vida real, en nuestra rutina diaria. Y me gustaría que hayas podido ver los beneficios que te puede aportar tener un razonamiento lógico bien entrenado. Es de lógica mejorarlo, ¿verdad?

La imaginación no es un juego de niños

La imagen que acompaña a este capítulo fue publicada bajo licencia creative commons en Flickr por el usuario *rachaelvoorhees (rachaelvoorhees)*

Esta habilidad intelectual es la gran olvidada. En la mayoría de libros que he leído sobre la inteligencia ni la mencionan, en muchos otros la llegan a nombrar y la suelen mezclar con la creatividad, cuando en realidad la creatividad es una cosa muy distinta a la imaginación.

Para mí, la imaginación es la habilidad intelectual más singular y más preciada que posee el ser humano. Esta habilidad, es la que permite a las personas visualizar cosas en su cabeza que no existen. Es la que nos permite recrear una escena o un cuadro para adelantarnos a ella, es la que nos permite realizar abstracciones para simplificar problemas y llegar a soluciones más sencillas, es la que nos hace ponernos metas y objetivos y también, y aunque no está en el objetivo de este libro, es la que nos provee de una gran dosis de felicidad cuando somos pequeños (y no tan pequeños).

Pero vayamos poco a poco, como ves, la imaginación es mucho más importante de lo que en un principio parecía, ahora cobra sentido el título de la sección ¿verdad?, porque la imaginación no es solo para los niños, jóvenes, locos creativos o gente inmadura, eso es falso, la imaginación es para todos y de todas las edades.

Los tres grandes usos que se les suele dar a la imaginación son la proyección de escenarios futuros, la abstracción y la construcción de escenarios inexistentes.

Proyección de escenarios futuros

¿Recuerdas alguna vez en la que te hayas imaginado que consecuencias tendrá tomar una decisión?, ¿O qué es lo que pasaría si dejas de hacer algo?, ¿O cómo podría haber interpretado algo que has dicho alguna persona?

Estoy convencido que te has visto en alguna de estas situaciones alguna vez. Pues bien, en todas ellas, estuviste usando la imaginación. Estabas proyectando un escenario futuro en base a uno actual, para tomar una decisión u otra.

Esto se usa muchísimo en entornos competitivos, por ejemplo en el ajedrez, un ajedrecista es bueno si es capaz de imaginarse qué pasará si mueve ciertas fichas en una u otra banda, y en base a ello el moverá para anticiparse a su rival.

En el baloncesto, anticiparse al rival es intepretar qué movimiento va a hacer el jugador, te imaginas qué podría hacer y tu te anticipas.

O incluso un vendedor, debe anticiparse a su potencial comprador, para evitar decir frases de forma incorrecta y en consecuencia perder la venta. Debe proyectar una imagen futura de las posibles frases que va a decir y escoger la que mejores resultados le de, también usa la imaginación.

Como ves, es muy importante la imaginación para sacar ventaja en ciertas situaciones. De hecho, de cara a cualquier ámbito competitivo es básico, porque te permite obtener información y anticiparte al resto, y por tanto da muchísima ventaja.

Pero esto no solo es aplicable a la competición, en tu día a día también lo usas. Imagínate que quieres convencer a alguien para que te acompañe a algún sitio, o vas a preparar un viaje y te anticipas a posibles contratiempos para llenar el botiquín y la maleta, y seguido de un largo etc.

La imaginación para proyectar escenarios futuros puede ser muy útil o puede ser peligrosa y muy errónea. En general, si la proyección no está basada en una construcción lógica, podemos estar haciéndonos una idea errónea de las consecuencias de una acción y entonces podríamos fallar fácilmente. En este caso, más que ayudarnos, nos perjudicaría muchísimo.

Sin embargo, si la proyección está basada en la lógica, entonces puedes tener una gran ventaja con respecto al resto.

¿Cómo aplicar la lógica a la imaginación? Para aplicar la lógica a la imaginación, simplemente hay que preguntarse, cuando estés proyectando una situación futura, si lo que estás suponiendo tiene sentido o no, o en qué te basas para suponer eso. Lo que buscamos con esas preguntas es tener una base sólida sobre la que construír la proyección.

Para mí, el ejemplo más claro y puro de una proyección de futuro con lógica es el ajedrez. ¿Por qué? Pues porque en el ajedrez, cuando vas a mover una ficha, debes ceñirte a la forma en cómo se mueven las fichas para construir esa proyección, y además, debes contemplar muchas posibles jugadas, caminos diferentes.

Seguramente te estarás diciendo que eso es muy complicado y que apenas nadie puede hacerlo. Es cierto que hacer una buena proyección futura con lógica es difícil, pero no hay ninguna proyección futura perfecta, porque ninguna predicción es totalmente cierta. En las predicciones siempre hay un grado de incertidumbre. Recuerda que estamos suponiendo en base a cosas que no sabemos y que no han pasado.

Un método que he usado para mejorar esta habilidad ha sido jugar a juegos de estrategia, ajedrez, las damas y cualquier otro juego más sofisticado., a mí me está funcionando bien.

Pero lo interesante es encontrar tiempo para pensar, y para intentar construír proyecciones futuras. La gracia, es que cada vez te costará menos y sin darte cuenta lo irás aplicando en tu día a día.

Construcción de escenarios inexistentes

Esta es quizás la faceta que más popularmente se relaciona con la imaginación. Y también es la que más confusión genera, porque por lo general es esta faceta la que se suele confundir con la creatividad.

Esta faceta de la imaginación trata de crear construcciones o escenarios que no existen, ya sean totalmente nuevos o a partir de la nada. En muchos casos, y sobretodo cuando somos pequeños, es por placer, una forma de relajar el cerebro.

Esta faceta se suele confundir con la creatividad, porque en muchos casos, de esas invenciones nuevas o de esos escenarios inexistentes salen una idea creativa.

¿Qué es una idea creativa? Es una idea que puede llevarse al mundo real, vamos que se puede construír o montar, o dicho de otra forma, tiene unos fundamentos lógicos correctos. Y esa idea rompe con las anteriores y con lo establecido.

El que surja una idea creativa de la imaginación no es raro, porque esta forma de usar la imaginación es muy caótica y disruptiva, no usa los fundamentos lógicos, ni estigmas, ni etiquetas ni nada, simplemente hacen fluír las ideas. Al fluír las, puede darse la casualidad que se encuentra una idea válida y creativa.

Además, debido a este carácter tan disruptivo, es una herramienta perfecta para avanzar a objetivos mayores y para evitar estancarse. Es cierto que en muchos casos lo que imaginas no es alcanzable, pero con solo de pensar en llegar a un objetivo nuevo y distinto ya aporta.

Yo desde pequeño he soñado con ser informático, y ni de lejos era tan inteligente como muchos compañeros de colegio y sobretodo de carrera, pero sin embargo lo conseguí. Sin imaginación, seguramente habría desechado la idea de hacerme informático, porque ni se me daban bien las matemáticas, ni la lógica, lo único que me gustaba era toquetear los ordenadores y aprender más sobre ese mundo. Y al final lo conseguí.

También tuve el sueño de ser un buen jugador de balonmano, lo intenté y me sirvió para estar en forma durante mucho tiempo, ¡pero no era lo mío! Más tarde entendí por qué, ni tenía la fuerza física necesaria, temía el balón y los golpes de lo rivales y tampoco usaba la imaginación para proyectar escenarios futuros del juego de forma correcta.

Quizás, el escenario futuro que más me ha servido haya sido el de ser capaz de conectar y relacionarme correctamente con la gente. Para mí de joven eso era muy difícil, y lo más frustrante es que no sabía por qué y nadie me sabía enseñar cómo hacerlo, pero yo tenía claro que quería saber integrarme con la gente y creía que lo podía conseguir.

Así fue, después de muchos años lo conseguí. Pero lo más importante, no fue que hubiese cumplido una proyección creada por mí, que no existía en mi mundo (esa proyección era que yo supiese conectar con la gente), lo más importante fue lo que aprendí durante ese tiempo. Psicología, expresión oral, humor, control e interpretación de emociones, y un largo etc. Todo esto de las relaciones personales y cómo hice para mejorarlo da para un libro, que en breves escribiré, ¡te animo a leerlo!

La conclusión que quier que extraigas de aquí es la siguiente, imaginar un escenario inexistente no es malo. Te puede servir para desahogarte, por placer o simplemente para encontrar una meta que seguir y que te haga ilusión. Porque aunque no a consigas, la cantidad de cosas que se aprende, le hacen merecer la pena intentarlo.

Abstracción

Y por último, hablaremos de la capacidad de abstracción. Esta capacidad que es conseguida gracias en parte a la imaginación, nos permite visualizar ideas, conceptos o problemas de forma más simplificada, dejando lo importante.

Un ejemplo sencillo de abstracción es el uso de ejemplos. En este libro he usado unos cauntos, pues un ejemplo es una forma de abstraer. Lo que sucede con la abstracción es, a partir de una situación similar, se resalta lo importante, lo común dejando de lado los detalles de cada escena.

Pero, si dejamos los detalles o las particularidades, ¿no estamos en riesgo a equivocarnos? Esta es una pregunta delicada. Inicialmente, podríamos pensar que sí, normalmente si quitas detalles tienes muchas papeletas de equivocarte.

Pero ten en cuenta que lo que estamos haciendo es obtener la idea en común entre el ejemplo y la situación real. Y este es el punto interesante, dos situaciones no pueden ser iguales porque todo cambia, pero sí pueden ser similares.

Cuando varias situaciones se repiten, al final siempre hay un patrón común o un aspecto en común, darse cuenta de ese punto en común es un ejercicio de abstracción.

Un ejemplo típico de abstracción son los mapas, cuando tú pones el GPS y te indica la ruta, el mapa del GPS solo te muestra las carreteras transitables con coche, y te indica el camino.

Sin embargo ese mapa se está saltando un montón de detalles que existen en la realidad. Por ejemplo, un bosque en ese mapa se mostrará una mancha verde que ponga bosque lo que sea, pero no te va a mostrar cada árbol. O una ciudad, resaltará las calles, los edificios más importantes como hospitales, policía y alguna plaza, pero los edificios individuales no los va a tener en cuenta.

Otro ejemplo abstracción aún mayor son los mapas geopolíticos, los típicos mapas del colegio que usabas para aprenderte la capital y el nombre de los países. En este mapa se dejan un montón de detalles de la geografía real de cada país, porque no es relevante, y se centra únicamente en resaltar el color del país, su nombre y su capital.

En esos dos ejemplos, se necesita abstraer lo importante, resaltar lo importante, y no darle ninguna importancia a aquellos detalles que no van a ser de utilidad.

Pues este ejercicio de abstracción es el que permite avanzar a las ciencias, física, matemáticas, geología, etc. Pues si no se hicieran asbtracciones, no podríamos encontrar eventos comunes que explicasen la naturaleza.

Pero no solo pasa con la naturaleza, en tu día a día, al hablar con cualquier persona estás abstrayendo. Cuando tienes que resumirle una película o una situación vivida a alguien, estás explicando lo importante, porque sabes que hay algunos detalles que no aportan nada y ¡solo conseguirías dormir a la persona que te escucha!

Por suerte, yo he sido una persona a la que se la ha dado bien abstraer las cosas, y por tanto no he tenido que pasar de una fase de apenas usarla a formar parte de mí.

Sin embargo, sí que es cierto que soy una persona que busca ver lo importante de las cosas, intento no perderme en los detalles. ¿Qué significa perderse en los detalles? Pues el intentar ver los detalles de cada situación sin tener en cuenta el conjunto, es como el típico ejemplo de "que la copa de los árboles no te impidan ver el bosque completo".

He aprendido a hacer caso a los detalles cuando toca, y buscar la idea global cuando es necesario. No sabría decirte cómo, simplemente, siempre he intentado tener presente esto, y a base de fallar mucho y de la experiencia, he aprendido a saber cuándo ir al detalle y cuándo buscar la idea global.

Cuando vas a la idea global, en general estás buscando una abstracción del problema, sería parecido a saber trazar una ruta. Cuando trazas una ruta, no sabes qué te vas a encontrar en el terreno, sin embargo, tienes en cuenta lo importante, ríos, desniveles, etc. Con esa información que es lo importante, empiezas el viaje teniendo claro un inicio y un posible fin.

Trazar la ruta es una abstracción del viaje. Después, en el viaje pueden salir imprevistos que te pueden retrasar o incluso pueden hacerte variar la ruta, lo cual implicaría hacer una nueva abstracción de la ruta.

Pues en general, sería seguir ese camino. Intentar ver la parte global de los problemas y no quedarse solo con el detalle. Hay muchas situaciones en la vida en las que puedes probarlo, yo lo que te aconsejo, es que estés atento a esas situaciones en las que puedes aplicar una abstracción y que intentes ver la idea global de las cosas y no te quedes con la superficie.

¿Se entiende la ideal global de este capítulo? Si lo entiendes, es que acabas de hacer un ejercicio de abstracción, ¡ánimos!

Mejorando la memoria

La imagen que acompaña a este capítulo fue publicada bajo licencia creative commons en Flickr por el usuario *martinaphotography (martinak15)*

Por suerte en la vida, las personas tenemos un disco duro con bastante capacidad en nuestras cabezas que nos permite trabajar con información pasada. ¡Imagínate la vida sin memoria! ¿Qué estaba diciendo...? lo ves, resultaría un poco molesto y complicado.

En la definición de memoria no creo que vaya a aportar mucho más de lo que debes saber. De todas formas creo que puede ser interesante comentarlo. La memoria es la habilidad que nos permite almacenar y recuperar información que hemos percibido.

Cuando hablamos de la información que hemos percibido, nos referimos a aquella información que hemos obtenido ya sea desde el exterior, o desde el interior o información propia.

La definición propia sería la que obtenemos con nuestros razonamientos, sueños, intuición, etc. Pero esta distinción la veremos más adelante con mayor detalle, que me interesa explicarla mejor.

La memoria es una herramienta muy potente porque nos permite trabajar con información pasada. Podemos analizar experiencias que hayamos tenido tiempo atrás, podemos estimular emociones como por ejemplo recordando a un ser querido que no está solo con la acción de pensar en él, podemos dejar razonamientos a medias y seguir en otro momento cuando estemos más frescos o cuando tengamos más información.

Como puedes ver trabajar con información del pasado, y sobre información que hemos trabajado y analizado nos permite tomar acciones en el presente con el soporte del pasado. Vamos, lo que te acabo de poner ahora, es una definición del aprendizaje y eso es lo que nos permite la memoria.

En realidad, sin la memoria no podríamos aprender. Y el ser humano, las personas como tú y yo, si no pudiésemos aprender tan bien como nos permite nuestro cerebro humano, viviríamos en una sociedad que no estaría mucho más avanzada que la de cualquier otro animal. Vamos que seguiríamos en las cavernas comiendo carne cruda, ¡y eso con suerte!

El aprendizaje, al fin y al cabo, es una forma de adquirir información estructurada y procedimental con un propósito. El propósito pues puede ser desde cocinar alimentos sabrosos, hasta realizar un hobby.

¿Y qué es la información estructurada y procedimental? La información estructurada, se refiere a información que tiene sentido para ti, por ejemplo cuando comprendes algo, que nos sale esa expresión "eureka!" eso es que esa información que acabas de adquirir es estructurada, ¡porque se estructura en tu cerebro, por tanto memorizar sin comprender no es información estructurada! Mala noticia para los loros.

La información procedimental, es aquella que nos ayuda en un procedimiento. Con un ejemplo me bastará, saber cómo hacer una paella sería información procedimental, porque sabes los pasos que hay que hacer.

Dejo el aprendizaje y me vuelvo a centrar en la memoria, esa información que guardamos en la memoria, puede ser recuperada y usada en algunas situaciones para sacar ventaja, sería algo así como información que nos sirve de herramientas. Por eso es tan importante el aprendizaje, porque nos da información que comprendemos y que además ya está enfocada a procedimientos, a acciones.

En otras palabras, que si te ves en un aprieto porque no sabes qué cocinar a tus invitados o a tus suegros, pues tienes una herramienta perfecta que es la memoria que dirá ¡cómo hacer una paella!

Sigo con los ejemplos para que se entienda mejor la idea de la memoria y el aprendizaje. Por ejemplo, si estás en una caverna y has aprendido una nueva técnica de caza, conseguirás más y mejor comida que otra persona que tenga una técnica inferior.

Ahora voy a extrapolar el ejemplo del cavernícola a la vida actual, y ahí se ve más clara la importancia. Imagínate que no has aprendido ninguna profesión, y no tienes intención de aprenderla.

Pues seguramente te será más complicado sobrevivir y buscarte la vida que otra persona que sí aprenda alguna profesión.

Nota importante para el lector, si alguno de mis lectures está pensando que no se le da bien aprender, le diré dos cosas. La primera es que aprender es una cuestión de práctica, cuántas más cosas aprendes más fácil es aprender.

Lo segundo que le diría, y este es para mi el aspecto más importante, es que el ser humano está hecho para aprender toda su vida. Eres un animal diseñado para aprender siempre, cada día, ¡a todas horas!, esto es importante que lo tengas en cuenta.

Sin embargo, y como muchas cosas en esta vida, que sea algo natural en nosotros, no significa que nazcamos aprendiendo a usar esa capacidad al máximo.

Lo que quiero decir es que, de forma intuitiva sabemos usar la memoria en la medida que la hemos ido necesitando, pero si sabemos un poco más sobre ésta, cómo se gestiona, cómo obtener información, como guardarla de forma eficaz, pues le podremos sacar muchísimo más provecho.

Y si la memoria no nos ha fallado aún, estamos en un libro en el que pretende explicarte cómo mejorar la memoria y otras habilidades intelectuales, porque queremos aprender a pensar mejor y de forma más efectiva.

Gestión de la memoria

Voy a contarte aquí un poco más sobre cómo gestionamos la memoria a gran escala. Creo que entrar en el detalle sobre cómo funciona a nivel fisiológico no aportará mucho, por eso me voy a centrar más en la parte psicológica que creo que nos va a servir bastante más en este libro.

A grandes ragos, la gestión de nuestra memoria se basa en dos simples procesos, la fijación de la información y la recuperación de la información. Sencillo, ¿verdad?

Al final no es tan diferente a la tarjeta de memoria de tu móvil o al disco duro de tu ordenador, el proceso de memoria es exactamente el mismo a grandes rasgos, consta de una acción de guardado y otra acción de recuperación de la información.

Voy a explicar cada uno de esos dos procesos y comentaremos un poco más sobre cómo mejorar cada uno de ellos.

Fijación

Este proceso es el que nos permite fijar o guardar la información en nuestro cerebro. A mi me gusta llamarle fijación porque al final, más que guardar algo, lo que estamos haciendo es fijar conceptos, ideas, etc en nuestro cerebro.

Además, desde un punto de vista fisiológico, nuestras conexiones cerebrales cambian al memorizar o al aprender algo. Vamos que nuestro cerebro está cambiando de forma cuando aprendemos algo o vivimos algo. Es por eso que a mi me gusta llamarle fijación, porque es una manera de enfatizar que estoy teniendo un cambio físico al memorizar o al aprender algo.

El tener presente este cambio físico, me ayuda a encarar mejor las situaciones en las que tengo que aprender algo complejo o cuando tengo que aceptar un cambio de paradigma que me rompa mis esquemas.

Me ayuda a encararlo mejor por un engaño mental que me hago, me pongo a pensar que esas conexiones no quieren cambiar y me imagino forzando un cambio de conexiones. Soy consciente que es algo que me imagino y que no es real, pero es una forma que me ayuda a desbloquearme.

Yo aquí te recomiendo que busques tu forma de desbloquearte ante esas situaciones, a mi me sirve ese truco, a ti quizás otro. Pero lo importante aquí, es tener presente que ese aprendizaje o ese cambio de concepto va a suponer un cambio físico en tu cerebro.

Dicho eso, vuelvo al proceso de fijación. La fijación de la información es crucial para el uso de la información que memorizamos. El motivo es que información bien fijada es muy fácil de recuperar, mientras que información mal fijada se hace mucho más difícil de recuperar.

Por eso es que si la fijación es de mala calidad será muy complicado recuperar esa información. En esos casos, lo normal es recuperar la información usando ideas relacionadas o usando alguna imagen, olor, o cualquier otra cosa que tenga relación con lo que quieres recordar.

Aunque esa segunda forma de obtener recordad está bien y funciona, no es la más eficiente y te resta tiempo, esfuerzo y reacción. Pero bueno, sobre la extracción o recuperación de la información hablo luego.

La fuerza con la que se fija una idea, es proporcional a la importancia que le des a esa idea o a esa información. Por eso a la gente que le suele gustar una temática suele tener más facilidad para aprender o memorizar sobre esa temática frente a cualquier otra temática que le guste menos.

Otra situación típica en la que se puede ver esta forma de actuar de nuestra memoria son en aquellos momentos de la vida que han sido muy importantes para ti. Esas situaciones se suelen recuerdar al detalle, mientras que otros momentos menos importantes ni recuerdas que los habías vivido.

Por ejemplo, seguro que recuerdas aquellas vacaciones fantásticas y únicas al detalle. Pero estoy seguro que no te acuerdas que hiciste el miércoles de hace cinco meses. ¡O igual coincide que te pasó algo súper interesante! Si es así, en vez de cinco meses que sea un jueves de hace cinco años.

Muy bien, ya sabemos cómo crea fijaciones fuertes y débiles nuestro cerebro, la cuestión ahora es, ¿podemos sacarle provecho? ¡Sin dudarlo! La clave para memorizar bien es darle importancia a la información que vas a guardar.

¿Te acuerdas la típica técnica de memorizado que usábamos en el colegio? Repetir mil y una veces lo mismo, ¿verdad? Y qué mal iba, ¿cierto? Sencillo, ¡intentabas memorizar algo que en realidad no te importaba absolutamente nada!

Sin embargo, te sabías los nombres de las canciones, actores, futbolistas o cualquier otra cosa que te interesase muchísimo sin hacer esfuerzo.

Pues ahí lo tienes, antes de memorizar nada, lo que debes hacer es darle la importancia que requiere esa información. No ponerse nervioso, sino pensar que esa información la quieres y la necesitas, se trata de autoconvecerse y eso no siempre es fácil, requiere fuerza de voluntad y ganas de cambiar.

Una vez tienes eso, el guardarlo en nuestro cerebro es más sencillo. Pero aún más sencillo es si, la información que vas a fijar la comprendes. Al comprender algo, siempre es mucho más sencillo almacenarlo, que si solo guardamos conceptos sueltos.

Así que la próxima vez que tengas que memorizar, recuerda estos dos simples pasos. Dale la importancia que merece esa información, siéntela necesaria, y por último, compréndela.

Y para finalizar esta sección, te voy a comentar algo muy curioso sobre la fijación. La fijación no es eterna, con el tiempo se degrada y cuesta más recuperar la información que fijaste pasado un tiempo.

¿Entonces lo aprendido se acabará olvidado algún día? La respuesta es depende. Si algo que has aprendido nunca lo vuelves a usar, pues esa fijación se irá perdiendo y te costará mucho volver a obtenerla con el paso del tiempo.

Un ejemplo típico es el nombre de un compañero de primaria que no ves desde que acabaeste la primaria y que no has vuelto a pensar en él desde entonces, casi seguro te costará más recordar su nombre que el de otros compañeros con los que has guardado más relación.

Sin embargo, esta degradación se puede solucionar. Cuando tú recuperas información almacenada, estás reforzando la fijación de esta información. Cuán más importante haya sido para ti recuperar esa información, mejor se reforzará la fijación.

Seguimos con el ejemplo del compañero de primaria, resulta que este compañero de primaria se ha hecho un importante empresario de éxito. Para ti debe ser impactante ver que uno más de tu clase ha llegado tan lejos, y al recuperar su nombre la próxima vez, te será más fácil, porque esa información ha ganado mucha importancia para ti.

A veces, recuperar esa información se puede hacer tanto siendo conscientes, o sea buscas encontrar esa información. Por alguna cosa que te hace recuperarla, supón que ves algo en la tele que te despierta un recuerdo, o incluso en los sueños cuando soñamos con algo que hemos vivido, estamos recuperando esa información y la estamos reforzando.

Extracción

Estraer la información guardada en memoria, este es quizás el proceso que más asociamos a la memoria. Es decir, memoria lo asociamos a la acción de intentar recordar algo que hemos memorizado.

Como antes ya vimos, la extracción de información está muy influenciada por el momento de fijar la información. Eso quiere decir que la facilidad o dificultad para obtener información va a depender en gran medida de fortaleza de la fijación de ésta, vamos que si hemos fijado bien la información recuperarla será más fácil que si la hemos fijado mal.

Hay dos formas de obtener esa información, son la forma directa e indirecta. Ya las hemos comentado de pasada en la sección anterior, pero lo voy a ampliar porque me parece interesante saber la diferencia.

Extraer la información directamente es la forma de obtener la información sin usar ninguna referencia. No usas otros recuerdos u otra información para llegar a la información que estás buscando.

Por ejemplo, si me preguntas el nombre del protagonista de una película sin más referencias, necesitaré de la extracción de forma directa si no uso ninguna otra referencia.

Un caso muy distinto sería si empiezo a apoyarme en otras pistas o referencias como por ejemplo nombras otras películas en las que ya ha aparecido, descripción físicamente, etc.

Para extraer la información de forma directa es importante haber fijado bien la información previamente, porque sino costará mucho recuperarla.

Sin embargo, usando la forma indirecta, con una fijación débil podemos llegar a la información que queremos obtener.

Como comentaba con el ejemplo del actor de cine, la forma indirecta usa una serie de pistas, o dicho de forma más formal, usamos conceptos relacionados y asociados a la información a la que queremos obtener.

Sería algo similar a navegar por internet. Cada página es un concepto, idea, recuerdo, etc y cada enlace es una asociación entre ellas. Si queremos encontrar una página que hable sobre una película en concreta poco conocida, pues usarás algún buscador, entrarás en alguna página relacionada irás a los links que te parezcan más relevantes, etc.

Con la memoria pasaría exactamente lo mismo, irías a un concepto relacionado, luego mirarías cuáles hay relacionados con lo que buscas y saltarías al más interesante, etc.

Sin ir más lejos, este es el tipo de estracción de información más común, y es el más cómodo de usar porque no requiere que la información esté tan bien fijada previamente, y porque no hay que hacer un gran esfuerzo para recuperar la información. Solo hay que navegar por la información que tenemos almacenada en nuestro cerebro hasta encontrar lo que buscamos.

Hablemos un poco más sobre las asociaciones de conceptos para recuperar información. La asociación de conceptos, nos ayuda a recuperar información navegando sobre ellos, como hemos comentado antes.

Estas asociaciones pueden ser de todo tipo, olores, colores, experiencias, sonidos, conceptos, recuerdos o cualquier otra cosa que puedas memorizar y recordar.

No se si recordarás un viejo truco para memorizar en la escuela que trataba de asociar lo que querías recordar a una serie de ideas o conceptos. Un ejemplo típico era asociarlo a una frase breve, y cada palabra era una de las cosas que querías memorizar.

Era bastante útil para hacer exámenes, pero en realidad no era demasiado efectivo y una vez hacías el examen desaparecía de tu cabeza.

Aquí estábamos usando el tipo de estracción de información indirecta. Al ser menos costosa, era una buena técnica de estudio.

Pero esa información duraba poco debido a cómo la habíamos fijado.

Lo que hacíamos era crear una frase que no tenía demasiada relación con lo que queríamos memorizar, una frase divertida, ocurrente o lo que fuere que nos gustara.

Lo que pasaba era que no estábamos guardando información demasiado estructurada porque no tenía un sentido lógico en sí.

Por otra parte, al ser información que tenías que almacenar para aprobar, tampoco resultaba ser información relevante o que necesitabas para ti y por eso se fijaba peor y duraba menos.

¡Cuidado! Cuando digo que la información sea relevante para ti no me refiero al uso que le ibas a dar. Es evidente que si tienes que estudiar algo para un examen, esa información es importante.

La cuestión está en si esa información es importante para ti como individuo, vamos que si es información que quieres adquirir, aprender y que te seduce. Porque si no es así, entonces tu cerebro no lo va a interpretar como información relevante y la fijación y por tanto posterior recuperación no van a ser tan buenas.

La flexibilidad o adaptación al cambio

La imagen que acompaña a este capítulo fue publicada bajo licencia creative commons en Flickr por el usuario *sidm (Sid Mosdell)*

La habilidad de la flexibilidad o adaptación al cambio es quizás una de las más relevantes para una mente inteligente y es responsable directo de las mentes más brillantes. Gran parte del éxito de una persona inteligente se basa en esta habilidad.

Pero exactamente, ¿qué quiere decir tener una mente flexible? Flexibilidad mental es cuando una persona tiene la capacidad de cambiar de camino de razonamiento para buscar otros caminos diferentes.

Un camino de razonamiento es el conjunto de ideas y pensamientos que seguimos para justificar algo, o comprender algo. Uso la palabra camino porque es muy visual pensarlo de esa manera.

Por ejemplo, si intento abrir una cerradura, y al girar a la derecha no se abre, pues tendré que girar a la izquierda para ver si se abre, ¿no? Igual nofunciona, pero si no lo pruebo nunca lo sabré. Hay mucha gente que ni lo intentaría, supondría que no es la llave correcta y probaría con otras.

En cambio, antes de suponer nada, pues podemos probar de girar la llave a la izquierda para asegurarnos. Eso que acabo de comentar es un cambio de camino de razonamiento.

El primer camino es giro la llave a la derecha porque la mayoría de cerraduras que conoce la persona del ejemplo se abren girando a la derecha.

Pero al ver que a la derecha no gira, pues lo más cómodo y sencillo, ya que está la llave dentro de la cerradura, es probar a la izquierda.

He tenido que cambiar mi camino de razonamiento, he pasado de pensar que las cerraduras suelen abrirse a la derecha, a otro nuevo camino, que igual no todas las cerraduras se abren girando a la derecha.

Sencillo, ¿verdad? Como ves, un cambio de camino de razonamiento es algo muy sencillo, pero que sin embargo es difícil hacerlo por muchos motivos; costumbre, rutina, miedos, comodidad, etc. Ya ampliaremos los motivos.

En muchos casos, si no se tiene bien practicada esta habilidad, es muy difícil cambiar de foco. Al final se trata de ver las cosas de diferentes puntos de vista o probar varios caminos. La analogía de ver las cosas, es muy útil también.

Puedo ver las cosas desde una única perspectiva o desde muchas otras. Pero seguro que si las miro desde muchas otras perspectivas veo algo diferente o nuevo que me permite avanzar. Imagínate si estás mirando una caja cuadrada de frente. Sabes que se abre con una cerradura pero no la ves, y solo miras la cara del frente, la de arriba y la de los dos costados.

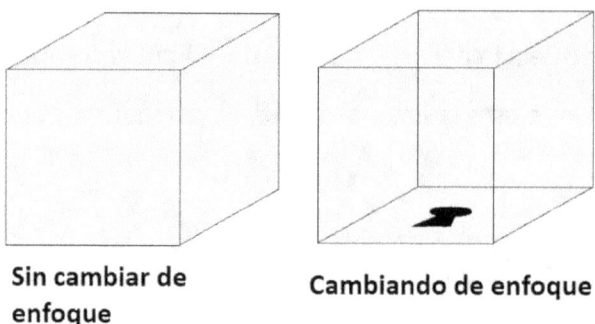

Sin cambiar de enfoque   **Cambiando de enfoque**

Cambiar de camino, de enfoque o de punto de vista, sería comprobar todas las caras para ver si realmente existe esa cerradura, antes que asumir que esa caja no tiene cerradura o que te han engañado y por eso ahí no hay nada.

El ejemplo de la cerradura es muy visual porque ¡muestra la facilidad que tenemos de formarnos un juicio sobre algo sin tener toda la información! A eso se le llama prejuicio, y los prejuicios son el peor enemigo de la inteligencia.

Por eso se suele decir que las mentes más brillantes dudan de casi todo, porque intentan evitar los prejuicios.

Ya te aviso, conseguir superar esos prejuicios y hacer estos cambios de focos conlleva su tiempo y entrenamiento, no es inmediato y requiere esfuerzo porque es algo que nos viene de la cultura en la que vivimos y del entorno en el que nos educamos y crecemos.

Además, si no estamos entrenados, al reaizar un cambio de foco solemos tener un cierto sentimiento de culpabilidad, de fracaso o poca inteligencia al no haberlo realizado antes. Pero nada más lejos de la realidad, alégrate si consigues hacer un cambio de foco, estate orgulloso, porque es eso lo que te permite avanzar, no castigarte por no haberlo visto antes, tener esto en cuenta es muy importante.

Como puedes ir viendo, contínuamente estamos creando ideas y concepciones de las personas que nos rodean, de acciones a realizar para realizarlas mejor, incluyendo los prejuicios. Estas ideas nos condicionan y nos dan una sensación de seguridad. Y aquí está lo importante, nos dan sensación de seguridad.

Cambiar de idea, tener una mente flexible, implica no tener miedo al cambio. El miedo al cambio surge cuando dejas escapar una posición de comodidad para adentrarte a otra posición desconocida, y cuando digo desconocida, me refiero a una situación que jamás hayas experimentado aunque te hayan dicho y demostrado que es mejor.

Ese miedo a lo desconocido, a perder lo que ahora tienes o a exponerte a una situación de vulnerabilidad, es lo que impide a la mayoría de las personas a avanzar para conseguir una mente más flexible. Mucha gente le dice a esto tener una mentalidad más abierta.

Una vez explicado todo esto, te voy a comentar los dos factores más importantes que dificultan la realización de un cambio de enfoque y cómo podemos sortear estas dificultades.

Emociones

Una de las principales barreras que nos encontramos al intentar cambiar el enfoque de un problema o probar con otro camino de razonamiento son las emociones.

Normalmente suelen surgir diferentes emociones negativas que o bien no nos permiten realizar el cambio o bien nos penaliza por haberlo cambiado, ¡aún y sabiendo que nos ha funcionado!

Voy por partes, empiezo por aquellas emociones que nos impiden realizar un cambio de enfoque.

Suelen ser emociones producidas tras realizar un cambio de enfoque, al pensar en hacer el cambio pensamos que vamos a perder una posición de seguridad.

La idea de perder una posición de seguridad es clave, porque es la causante de que en la mayoría de los casos tengamos una reacción tan negativa ante un cambio de enfoque.

Por ejemplo, voy a poner la típica superstición de un futbolista. Imagínate que el futbolista siempre sale con la pierna derecha al campo, esto le genera confianza y seguridad porque él cree que le permite jugar bien. Es un truco válido y para él es básico porque le funciona.

Imagínate que un día le prohíben entrar con la pierna derecha al campo y debe entrar con la izquierda. Seguro que el futbolista inicialmente sentirá una sensación de rechazo importante ante esta imposición, porque le están quitando una posición de seguridad importante para él, su superstición.

Al cabo del tiempo, seguramente acabe por adaptarse si quiere seguir compitiendo, y de esa forma se habrá visto forzado a cambiar su visión sobre qué es lo que le permite jugar bien. Habrá visto que lo de entrar con la pierna izquierda no era tan importante.

El hacer este cambio de enfoque, implica que el jugador se replatee muchas cosas, ¿mi juego se basa en cómo entro al campo?, ¿y si empiezo a jugar mal?, ¿y si me prohíben el resto de supersticiones?, ¿qué será de mi carrera?, ¿necesito las supersticiones?

Sin duda, este jugador va a pasar por una crisis de confianza. Eso implica dos posibles caminos de su vida, o sigue por la misma vía y acaba jugando mal, o se adapta y comprende que no es tan importante la superstición sino el como juega él.

No obstante, como has podido ver, esa crisis de confianza es una forma de perder su posición de seguridad, él basaba su confianza o su juego en sus supersticiones pero ahora no puede hacerlo y debe adaptarse. Él lo sabía en el momento que le comunicaron que le iban a prohibir esa superstición por eso el rechazo inicial, aunque no era consciente de la crisis que le iba a provocar.

Pero una vez se ha adaptado, lo más probable es que juegue igual o mejor, porque ya no estará gastando esfuerzo ni tiempo en pensar en supersticiones y podrá centrarse mejor en el juego.

Evidentemente este es un ejemplo muy concreto y muy evidente, pero en la realidad este miedo se presenta de muchas otras formas, y de formas generalmente más sutiles. Suelen ser por supersticiones, costumbres, prejuicios o simplemente comodidad.

Por comodidad me refiero a conformidad. Es decir conformarse con obtener resultados aceptables porque no tengo la intención de invertir más energias en encontrar una situación mejor. Esto no es malo, siempre y cuando seas consciente que estás priorizando la comodidad a los resultados.

Muy bien, hemos hablado de las emociones que nos limitan a realizar un cambio de enfoque antes de realizarlo. Pero también hay un tipo de emociones que nos penalizan después de realizar un cambio de enfoque.

Es decir, una persona realiza un cambio de enfoque y le funciona, pero surgen sentimientos negativos que le impiden volver a usarlo en un futuro. ¡¿Por qué?!, ¡¿eso es absurdo?!

Esas emociones negativas pueden ser emoicones del tipo de culpabilidad, sobretodo le pasa a la gente muy perfeccionista. Esto suele pasar porque se culpan por no haber hecho el cambio de enfoque antes o por haber caído en algo tan sencillo.

Eso es malo, ¡muy malo! Lo que estás consiguiendo con eso es que tu mente asocie a algo malo el cambio de foco y lo evitará en el futuro. Recuerda, el cerebro quiere evitar las recompensas negativas, ¡y esas emociones son recompensas negativas muy intensas! En contra de eso, deberías estar orgulloso de haberte dado cuenta, y pensar lo bien que te ha venido ese cambio de foco, cada vez lo irás usando más porque te provoca una recompensa positiva.

Te voy a poner un ejemplo gracioso, imagínate que vas en coche y aceleras y el coche apenas se mueve. Miras que todo esté bien y ves que el freno de mano está puesto… Mucha gente se enfadará mucho consigo mismo por el despiste.

La siguiente vez que tengas un problema en el coche, evitarás pensar que es problema tuyo, y buscarás otras causas que no puedan ser provocadas por ti, no quieres sentirte culpable.

Pero si en vez de haberte flajelado te hubieses felicitado por haberte dado cuenta pronto y haber evitado cargarte el embrague, pues la próxima vez que algo falle en el coche, no tendrás problemas en pensar que igual es un fallo tuyo, porque sabes que te llevarás una recompensa positiva.

Para terminar, me gustaría resaltar que la dificultad del cambio de foco está precisamente en las emociones. Las emociones son una fuerza de cambio muy potente, pero también puede ser una fuerza de retención muy fuerte.

La clave de todo esto, y lo que me gustaría que se quedara, es que la dificultad está en entender que el explorar nuevos caminos nos puede llevar a situaciones mejores, más seguras y con mejores resultados. Pero que nadie puede asegurarnos estos resultados.

Lo que nos obliga esta habilidad es aceptar la incertidumbre porque mientras haya incertidumbre implica que siempre existe la posibilidad de que haya una situación mejor para nosotros. Aunque, lamentablemente, siempre nos esforzamos en pensar que podemos acabar en situaciones peores.

Desinformación

La otra gran barrera que nos impide realizar un cambio de enfoque, es la desinformación. La desinformación se expresa de la siguiente forma, no vemos o no encontramos nuevos caminos para recorrer.

Este es un punto crítico porque conseguir ver caminos nuevos no siempre es sencillo. Puedes ser una persona capaz de superar todas tus emociones negativas y poder seguir todos los caminos que se te ocurran, pero si te estancas y no eres capaz de encontrar nuevos caminos, casi seguro que normalmente no conseguirás encontrar una respuesta muy buena o excelente.

No lo podrás conseguir porque podrías dejar de recorrer el camino de razonamiento que te lleva a la respuesta más acertada para esa situación.

Para conseguir encontrar caminos nuevos se requiere realizar un esfuerzo creativo. Un esfuerzo creativo implica romper con los caminos comunes para buscar otros nuevos.

Yo para ello uso dos estrategias. La primera sería la más sencilla, en ella trato de buscar nueva información sobre la situación para asegurarme que puedo encontrar nuevos caminos. Si no dispongo de esa nueva información o bien los caminos nuevos que encuentro no me funcionan hago el esfuerzo creativo.

El esfuerzo creativo básicamente consiste en cuestionarme todas las suposiciones que me pueda hacer sobre el problema. Aquí lo que estoy buscando son prejuicios o cosas que estoy asumiendo que son correctas, pero que en realidad no tienen por qué serlo.

Este ejercicio no es sencillo, porque en muchos casos la suposición más irrelevante puede tener la clave para mostrarte el camino que te lleva a la respuesta más adecuada.

Para ello se requiere mucha paciencia, mucha sensibilidad y sobretodo se debe hacer un ejercicio de flexibilidad mental muy importante, porque esto implica romper con cualquier molde o pensamiento establecido en tu cabeza que puede estar ocultándote la solución.

Un ejemplo muy simple se vería con el siguiente acertijo:

¿Qué probabilidades tiene una cuchara de caer de canto?

La mayoría de la gente pensará que muy pocas probabilidades porque el borde de la cuchara es muy fino. Pero sabemos que es un acertijo y que si nos lo preguntan es porque la respuesta que se espera no es la común.

Aquí nos falta información, ¿qué puede hacer que la cuchara caiga de canto más veces? La forma de tirarla no es, la cuchara normal tampoco.

Aquí estamos asumiendo que tenemos que lanzar una cuchara estándar. Pero nadie nos impide doblarla. Si la doblas las posibilidades de que caíga de canto son mucho mayores, ¿no es cierto?

Este es un buen ejemplo sobre cómo la desinformación o las asumciones nos pueden estar ocultando una solución a un problema o a una situación aparentemente absurdas.

Una vez lees la respuesta no parece tan complicado, pero si te pones a pensar la solución sin saberla, puedes estar un buen rato buscando alternativas. Pero si no caes en la cuenta que igual estás realizando una suposición incorrecta, nunca verás la solución.

Con este sencillo ejemplo quiero mostrarte lo fácil que es cometer un error, o simplemente no ver más allá, debido a una simple asumción, algo tan sencillo como la forma de una cuchara.

En definitiva, al poseer más información, tenemos más opciones o más caminos de razonamiento que recorrer. Está claro que cuántos más caminos tenemos, tenemos muchas más posibilidades de encontrar una respuesta, solución o acción buena.

Las personas inteligentes o muy inteligentes, son capaces de superar sus emociones y utilizar diferentes caminos de razonamiento, pero también son capaces de encontrar nuevos caminos de razonamiento cuando han comprobado que los que han estado usando no les ha funcionado.

Este asunto de los caminos, que en un principio puede parecer raro o incluso poco irrelevante, es fundamental para pensar con inteligencia. Si quieres ser inteligente, debes conseguir tener una mente flexible, porque sino te va a ser bastante complicado tomar decisiones inteligentes.

Ya lo comenté al inicio del capítulo pero creo que es bueno que te lo vuelva a remarcar, la flexibilidad es el gran secreto de las mentes brillantes.

Personas sensibles, una nueva dimensión

La imagen que acompaña a este capítulo fue publicada bajo licencia creative commons en Flickr por el usuario *jessicarabbit (Jessica Rabbit)*

Cuando escuchamos hablar de una persona sensible normalmente nos viene la opinión de una persona sentimentalmente débil, ingenua y hasta a veces llorona. Pues, lamento decirte que la imagen que te voy a dar de una persona sensible es mucho más que solo eso.

Para mi, y sobretodo el enfoque que quiero dar en este libro de una persona sensible, es una persona que tiene la capacidad de captar la información con mayor detalle y precisión que otras.

Las personas sensibles tienen la capacidad intelectual de la sensibilidad muy desarrollada. La capacidad intelectual de la sensibilidad es la que nos permite captar información con mayor o menos detalle, sería algo así como un altavoz o un amplificador (sí sí, el típico amplificador que se usa para guitarras eléctricas por ejemplo).

Ahora bien, la información que captamos puede venir del exterior y del interior, por eso no he concretado antes. Más adelante, en este capítulo, te voy a hablar más sobre la captación de la información exterior e interior.

A groso modo, para que te vayas haciendo una idea, la sensibilidad exterior es la capacidad de sentir con mayor o menor detalles la información que nos viene de nuestros sentidos (gusto, visión, olor, sonidos, tacto). Mientras que la información captada del interior es la capacidad de sentir la información que procesamos.

Todo esto está muy bien, pero te estarás preguntando (o sino deberías preguntártelo), ¿qué es exactamente la sensibilidad? Pues bien, la sensibilidad es la capacidad que tenemos de captar información, nada más.

La información que recibimos puede ser la **información común** o la que vemos sin tener que realizar ningún esfuerzo, por ejemplo ver la tele.

Pero hay dos tipos más de información muy interesantes, que es la **información que observamos cuando nos fijamos en algo al detalle**, y la **información que obtenemos al ver de forma global** una situación o un problema.

Te explico paso a paso, cuando lees un texto o miras una imagen, estás usando tu sentido de la vista para procesar el texto y obtener la información que éste guarda.

De primeras, la información que obtenemos es la información común, por ejemplo al leer una novela, pues leemos y obtenemos la información.

Pero también podemos entrar al detalle de lo que leemos, por ejemplo en una definición de alguna cosa, o podemos obtener ideas globales por ejemplo cuando leemos algo que nos cambia los esquemas.

Para dejar más clara la idea de la información común o básica captada, más la información al detalle y la información que tenemos al crearnos una idea global de un problema o situación, etc, te voy a poner un ejemplo muy visual.

Imagina el siguiente sencillo ejemplo. La imagen que te muestro a continuación y una frase que se refiere a ésta:

La imagen que acompaña a este capítulo fue publicada bajo licencia creative commons en Flickr por el usuario *PSD (Paul Downey)*

La frase que hace referencia a la imagen es la siguiente:

Esto es una pipa.

¿Crees que es cierta o falsa esta afirmación? De entrada, lo normal sería pensar que sí. Vemos el cartel y vemos claramente que hay una pipa.

Con esa primera percepción lo que estamos haciendo es procesar la información común. Pero vamos a ver qué pasa cuando entramos más en el detalle.

Si nos centramos más en el detalle, veremos que en realidad la fotografía contiene una imagen de una pipa, y que el dibujo de esa pipa está en un cartel.

También podemos ir más al detalle y veremos como la frase, si somos estrictos, nos está afirmando que eso es una pipa.

Y ahora aquí viene la **idea global**, ésta viene cuando enlazamos la **información común** y la **información del detalle**. Al hacer eso vemos que la frase es falsa, porque la imagen no contiene una pipa, sino que contiene un cartel con el dibujo de una pipa.

Las personas sensibles tienen gran capacidad para captar la información al detalle. Aunque no todas tienen la misma capacidad de enlazar esa información en una idea global y consistente

Si te fijas, y si recuerdas el capítulo sobre la lógica, la idea global se parece mucho a un razonamiento lógico, ¿cierto? Estás en lo cierto, es lo mismo, la idea global consiste en aplicar la lógica sobre la información que hemos obtenido para sacar una idea global.

En este ejemplo la hemos usado para sacar la idea de que la frase que acompaña a la imagen es falsa. Algo inicialmente poco intuitivo, ¿verdad? Pues de ahí la importancia de ser sensible, porque te permite ver más allá en cualquier situación y como ya comentábamos en el capítulo de la lógica, tener más información en un problema o una situación suele darte ventaja con respecto al resto.

Mejorar la sensibilidad no es complicado porque se puede aplicar en casi cualquier momento de tu vida cotidiana. Pero tampoco es fácil, porque hay que estar atento y hay que tener paciencia.

Te contaré un secreto que he aprendido estos últimos tiempos. ¡Ir con prisas y/o con estrés reduce muchísimo nuestra capacidad para ver los detalles! Por eso es importante tener paciencia.

Una sencilla forma de mejorar la sensibilidad al detalle son las adivinanzas o los acertijos. Generalmente, estos problemas suelen darte una información común muy evidente, se usa como trampa para el lector. De esa manera la mayoría de gente se queda encallada en lo que es fácil de ver. Pero si usas la información al detalle, es decir si vas buscando detallitos en el enunciado, normalmente resolver el acertijo acaba siendo algo más sencillo.

Otra forma de mejorar la sensibilidad al detalle es aprendiendo a escucharte a ti mismo, que eso lo veremes más adelante.

Muchas veces hay situaciones en las que vemos que algo es raro o que no encaja. O bien que no acabamos de entender muy bien. Si es así, estás de suerte porque acabas de encontrar una situación perfecta para entrar al detalle y descubrir más. Lo que inicialmente parecía raro y sin sentido tiene una explicación muy coherente (secreto, ¡esto va muy bien para descubrir mentiras!)

En muchos casos, ni nos damos cuenta de que algo no es coherente o es raro. No te preocupes, eso es normal y muchas veces pasa que nos damos cuenta pero no lo vemos. Cuando vemos que algo es raro e incoherente, muchas veces lo recibimos como una alerta en nuestra mente, pero si nos hemos acostumbrado a ignorarla pues cuesta un poco darse cuenta.

Las alertas de nuestra mente son un tipo de información interna, que nos viene dada porque al usar la lógica con la información que tenemos o la información que nos han dado, no encaja. Está claro, ¿no? Si la información que me han dado no me sirve, pues debo saber más detalles sobre esa información, a esto se le llama curiosidad.

Así que paciencia e intentar estar atentos a ver cuando algo no encaja, es la manera perfecta de encontrar una situación para buscar información al detalle e información global, un buen ejercicio para entrenar vuestra sensibilidad.

Para finalizar el capítulo voy a hablarte un poco sobre la información externa y la información interna. Estate tranquilo porque es mucho menos denso que lo que acabo de explicarte.

Sensibilidad externa

La información externa es la que captamos con los cinco sentidos. Es toda aquella información que está en el mundo exterior, olores, sonidos, sabores, texturas, imágenes.

Ser sensible con la información exterior implica detectar matices como por ejemplo los diferentes instrumentos que suenan en una canción, observar detalles de un cuadro, percibir diferentes olores en una misma fragancia.

Es muy común pensar que esa sensibilidad es algo heredado e invariable. La realidad es muy distinta, cuánto más aprendes a apreciar los matices de las cosas, más facilidad tendrás para detectar matices con otros sentidos.

Un buen ejemplo de mejora y de uso de la sensibilidad es el trabajo que ralizan los músicos para afinar el oído. Los músicos necesitan tener un oído fino para diferenciar notas, ritmos y dar coherencia a la música.

Es probable que esa persona haya nacido con predisposición a captar mejor el sonido. Aunque no olvidmeos que existe una influencia muy grande del entrenamiento que le ha dado el músico a ese oído.

Y cómo ha mejorado la sensibilidad de ese oído el músico, pues sencillo, cuando ha tenido que tocar o al escuchar una obra de otra persona, se ha concentrado en detectar esas notas musicales o esos cambios de ritmo porque le interesaba captarlos. Lo que está haciendo es acostumbrar al oído a captar matices sutiles.

Eso pasa con los olores y los sabores, como por ejemplo con los enólogos y sus catas de vinos.

También pasa con las personas que pierden un sentido y su cerebro se focaliza en otros para compensar, como por ejemplo las personas invidentes.

Por lo tanto, como ves, es algo muy natural el mejorar la sensibilidad de los sentidos para captar más matices del exterior, es un proceso lento y hay que tener paciencia. Como ya dije antes, ¡el estrés y las prisas dificultan muchísimo detectar detalles y formar ideas globales!

Pero se puede conseguir, no es necesario tener un oído tan fino como un pianista de la orquesta filarmónica de Viena, ni tampoco tener un sabor y un olfato tan desarrollado como algunos enólogos.

Se trata simplemente de adquirir un nivel lo suficientemente desarrollado de tus sentidos para captar más información en caso que la necesites.

Sensibilidad interna

La sensibilidad interna es aquella sensibilidad focalizada en la información que produce nuestro cerebro.

No hay que confundirla con la información que recibimos cuando nos duele algo o tenemos mal estar, eso es sensibilidad externa aunque esté dentro de nuestro cuerpo. Es externa porque se produce en el plano físico, o sea es algo que captamos con los sentidos.

La sensibilidad interna es aquella que producimos o captamos a partir de lo que nuestro cerebro procesa. Pueden ser razonamientos, deducciones o recuerdos.

En algunos casos viene en forma de inspiración, en otras en forma de intuición y en otras simplemente nos acordamos de algo o nos percatamos de otra cosa. Se trata de un proceso subconsciente en el cual se realizan las tareas de razonamiento lógico, deducción, recuerdo e imaginación.

En este caso no he conseguido demasiada información en libros y otras fuentes, así que lo que comentaré ahora es basado únicamente en mi experiencia personal, tanto en lo que he vivido yo como lo que he podido observar de varias personas.

Para los que tengáis curiosidad, hablo de observar a personas con las que interactúas día a día y observas cómo interactúan contingo y con los demás. Cómo afrontan problemas, sugerencias o soluciones.

Es un poco más complejo y en caso de que querráis saber más, siempre podéis contactar conmigo y os daré más detalles. Pero para que te hagas una idea ha sido una muestra de más de trescientas personas de diferentes rangos de edades, posición social y laboral, desde el 2005 hasta el 2014 aproximadamente.

Dicho eso, continúo. En las épocas en las que estudiaba en la universidad y también en las épocas en las que entrenaba la inteligencia, después de la universidad, me había encontrado en muchas situaciones en las que necesitaba de esa idea feliz o recordar ese dato clave que resolvía el problema, ¿nunca os ha pasado? Lo que vi era que, cuanto más lo forzaba menos capaz era de conseguir esa información.

Más tarde me di cuenta que forzar a tener una inspiración, o preocuparme por tener una idea feliz o un recuerdo concreto era contraproducente, vamos que conseguía el efecto contrario. Voy a explicar el motivo enfocándome en un ejemplo concreto. Supón que queremos resolver una adivinanza y necesito una idea feliz.

Si yo al leer la adivinanza me centro en la idea feliz, en que la necesito y sin ella no lo conseguiré, voy a centrar gran parte de mi esfuerzo cerebrar en esa tarea. Eso implica que mi cerebro deja de trabajar para el problema.

Además, como espero una idea feliz, y esa idea feliz no acaba de legar, pues empiezo a acumular frustración y estrés, y como ya comentamos antes, ¡el estrés y las prisas no ayudan para nada a la habilidad de la sensibilidad!

Pero sin embargo, si nos centramos en encontrar más información sobre el enunciado/problema, a intentar cuadrar lo que tenemos y en intentar encontrar nuevos caminos de razonamiento, es muy probable que notemos cómo avanzamos en la solución.

Al avanzar en la solución y al tener más información, tanto de forma consciente como subconsciente nuestro cerebro va a trabajar mejor y ¡es posible que surja esa idea feliz que nos permita resolver el problema!

Al final, y resumiendo, si te centras en encontrar una idea feliz tu cerebro trabajará para encontrar una idea feliz, pero puede que nunca la encuentre porque le faltan detalles e información sobre el problema.

Pero si te centras en encontrar una solución y en profundizar en los detalles del problema, tu cerebro trabajará para encontrar más información y la enlazará mejor, ganas más visibilidad y seguro que será más fácil que aparezca esa idea feliz.

En definitiva esto se trata de un proceso natural, en el que se combinan todas las habilidades intelectuales (ya veremos en el siguiente capítulo cómo). Lo que quiero enfatizar en esta sección, es que el resultado de este trabajo subconsciente, sale en forma de señal sutil a tu consciencia.

Por ejemplo, si estoy haciendo una faena, y veo que la estoy haciendo mal, como yo personalmente lo percibo es como una sensación de incomodidad o inseguridad ante lo que estoy haciendo. Eso es una señal interna, ¡hazle caso!

Normalmente se ignoran por miedo a tener que corregir cosas que ya has hecho, a ser juzgado por hacer mal las cosas o por simple orgullo. Se trata de ser paciente, no culparse y premiarse cuando se encuentra un camino mejor y tras hacer caso de las señales internas.

Otro ejemplo típico es cuando hablas con alguien y ves que esa persona no acaba de seguir del todo la conversación, ves que la conversación no fluye. Es sutil esa sensación, y muchas veces no o percibimos por nuestro entusiasmo de explicar algo que nos motiva, o bien porque queremos que ésa persona nos haga caso. Pero esa señal está y nos indica que esa persona no le interesa seguir con la conversación (por cualquier motivo).

Como ves son avisos sutiles, que nos ocurren en el día a día y que hay que estar acostumbrados a recibirlos y ver si nos interesa o no.

Un aspecto muy positivo que he observado para mejorar esta habilidad, es que cuanto más desarrollas están mis habilidades intelectuales, más frecuentes son esas señales internas y más efectivas son.

Aquí lo ideal es saber combinar la escucha de estas señales con el resto de información que manejamos (memoria, sensibilidad externa, etc). En mi opinión siempre hay que escucharlas y después decidir si son útiles o no, así sigues con el hábito.

Todo esto es un cambio de concepto en la forma de pensar. Por eso, te sugiero que si no acabas de sentirte del todo cómodo vuelvas a leer el texto con paciencia, ¡esa incomodidad es una señal interna! ¡Tu cerebro te está diciendo que no has acabado de entender esto! Así que no lo dudes y vuélvelo a leer.

Para finalizar este capítulo y a modo de conclusión, podrías pensar que la sensibilidad interna se asemeja mucho a la intuición, ¿ciert?. Pues bien, para mí esto es lo más parecido a la intuición.

Por último y para cerrar el capítulo me gustaría comentarte otra cosa a modo personal, cada vez que utilizo la intuición me voy fiando más de ella y estoy más atento. ¡Y parece ser que no soy el único que piensa así! os dejo una frase de un científico célebre:

> *I believe in intuitions and inspirations. I sometimes feel that I am right. I do not know that I am*. [...]. *I was not surprised when the eclipse of May 29, 1919, confirmed my intuitions. I would have been surprised if I had been wrong.*

> *Creo en la intuición y en la inspiración. Muchas veces siento que estoy en lo cierto pero no sé por qué*. [...]. *No me sorprendió cuando en el eclipse del 29 de Mayo de 1919 se confirmó mi intuición. Me habría sorprendido haber estado equivocado.*

Entrevista a **Albert Einstein** *What Life Means to Einstein* por George Sylvester Viereck" en el The Saturday Evening Post (26 October 1929) p. 17. Entrevista completa en formato PDF aquí.

La conjunción de las habilidades

La imagen que acompaña a este capítulo fue publicada bajo licencia creative commons en Flickr por el usuario *lij (Jill)*

Este capítulo trata de la habilidad intelectual más peculiar. La conjugación es la habilidad intelectual que se encarga de conjugar y coordinar el uso del resto de habilidades.

Simplificando un poco, esta habilidad nos permite ir cambiando entre habilidades intelectuales para una misma tarea. Cuando pasamos de una habilidad a otra guardamos y utilizamos la información que se ha ido obteniendo en las otras habilidades.

Parece un poco complejo pero con este sencillo ejemplo lo verás mejor. Estas en un examen de física de secundaria, y te piden calcular la velocidad de un vehículo. Primero debo acordarme de la formula usando la habilidad de la **memoria** y luego debo utilizar esa información, la fórmula, para aplicarla al problema usando la **lógica**.

$$V = \frac{X - X_0}{t - t_0}$$

Fórmula física de movimiento rectilíneo uniforme. Pongo la fórmula a modo de ejemplo, no hay que saber aplicar esto.

Esta habilidad es la que nos va a permitir coordinar y conjugar el uso de la memoria, la lógica, la flexibilidad y la sensibilidad para conseguir los mejores resultados posibles al realizar cualquier actividad.

Uno de los factores más determinantes a la hora de llevar una actividad con buenos resultados es el orden en el que se usan y se coordinan el resto de habilidades, es decir, lo bien que se use esta habilidad.

Un factor determinante para usar con éxito la habilidad de conjugación es la experiencia que tengamos en usarla. Básciamente esta habilidad nos crea un plan de acción combinando las habilidades intelectuales para resolver tareas. Y la calidad de ese plan depende de la práctica que tengamos con esta habilidad. Más adelante te explico cómo mejorarla.

Si te fijas, al hablar de plan de acción, usar habilidades, etc, estoy usando las habilidades intelectuales como herramientas, ¿viste? Ese es exactamente mi enfoque. Y la herramienta que nos ayuda a manejaras a todas es la habilidad de conjugación, sería algo así como el plano que usamos para montar un objeto.

Pero al igual que no todos los planos tienen que ser buenos, aunque su objetivo es que te ayuden a construir un objeto, la habilidad de conjugación no siempre nos ayuda a encontrar los mejores resultados. Pero como todas las habilidades, esto se puede mejorar y perfeccionar, así que no hay de qué preocuparse.

Después de toda esta teoría, creo que es un buen momento para ver todo esto en un ejemplo. Esta vez usaremos un divertido jerogrífico, creo que puede ser interesante:

La imagen que acompaña a este capítulo fue publicada bajo licencia creative commons en Wikicommons

Para resolver este jerogrífico vas a necesitar de todas las habilidades intelectuales de las que hemos hablado.

Antes de seguir, para aquellos que lo hayáis resuelto ya, os recomiendo que no os saltéis la explicación. Voy a ir desglosando paso a paso cuáles son las habilidades intelectuales que se van a ir utilizando, y daré una explicación de en qué influye cada una.

Toda la estrategia y el razonamiento es el que usé yo para resolverlo pero desplegado en letras, eso significa que seguramente sea distinto a cómo lo hayáis razonado vosotros. No os preocupéis por eso, lo que importa es ver cómo se van usando las diferentes habilidades intelectuales y cómo la habilidad de conjugación va cambiando de habilidades y cómo las va coordinando.

Empezamos: En primer lugar, entra mi **habilidad de conjugación**. La habilidad de conjugación mirará en mi memoria, usando la **habilidad de memoria**, para buscar qué otros problemas similares he resuelto e intentará buscar alguna estrategia que me haya funcionado.

Tras buscar, encuentro un patrón que me suele funcionar, el cuál se trata de encontrar **detalles sobre el enunciado**, y realizar **razonamientos lógicos** para encontrar más información hasta dar con la respuesta.

> *Nota: En mi caso uso esa estrategia porque ya he hecho bastantes problemas de estos. He podido analizar cómo los resuelvo y he podido sacar una estrategia que me va bien. Yo ya tengo muy interiorizado cómo actuar, pero en su momento tuve que forzar el uso de esta estrategia. Pero ya hablaremos sobre cómo forzarla en la siguiente sección.*

Una vez mi cerebro sabe cómo actuar, voy a seguir la estrategia que he encontrado, **buscar detalles** en el enunciado: usar la **lógica** para encontrar más información y usar la **flexibilidad** para cambiar de foco cuando no tenga más caminos.

Todo eso lo coordina mi habilidad de **conjugación**, es decir, mi capacidad para pasar de usar una habilidad a otra, así que a partir de ahora no la nombraré, se presupone a cada cambio de habilidad, empecemos:

Uso la **lógica** para ver que todo en conjunto aún no encaja. Usando la **sensibilidad** me doy cuenta que necesito cambiar de foco. Entonces paso a usar la **flexibilidad** para cambiar de foco y centrarme en los elementos que componen el problema.

Con la **lógica** veo que tengo tres elementos:

1. Dos Ts

2. Una espiga de trigo

3. Una R tachada

Con la **lógica** decido ir elemento a elemento a ver qué información saco y luego combino la información que saque.

Uso la **flexibilidad** para centrarme en las dos Ts.

Me doy cuenta, con la **sensibilidad** que las dos Ts se puede leer de diferentes formas, y con la **lógica** veo que se puede leer de dos formas:

- *Te te*

- *Tes*

Me quedo con esa información porque me puede ser útil, uso la **memoria** para guardar.

Con la **sensibilidad** veo que los caminos de las Ts están agotados por ahora, no se me ocurre nada más. Así que tras escuchar la señal interna, utilizo la **flexibilidad** para cambiar de foco, y me voy a la imagen del trigo.

La imagen del trigo por si sola no me dice nada, uso la **memoria** por si tengo alguna otra interpretación de trigo pero no se me ocurre, es una espiga de trigo. Asi que otra vez, **sensibilidad** para darme cuenta que estoy sin caminos y cambio de foco con la **flexibilidad**.

Con la **sensibilidad** me doy cuenta que puede ser interesante combinar la información nueva que tengo sobre las Ts y el trigo, así que uso **flexibilidad** para cambiar de foco y me centro en combinar las Ts y el trigo.

Con la **lógica** pruebo de combinarlos:

- *Te te trigo*, no me dice nada.

- *Testrigo*, prodía ser interesante porque me recuerda a alguna palabra conocida, acabo de usar la **flexibilidad** (señal interna porque tiene algo de sentido *Testrigo*) y la **memoria**. Me lo guardo.

Por último, con la **sensibilidad** me doy cuenta de que me falta usar la R tachada. Así que otra vez, **flexibilidad** y cambio de foco y me centro en la R. Al leer la R tachada por **lógica** entiendo que es que sobra la R.

Uso la **sensibilidad** que me dice que debo combinarlo con lo que ya tengo, y con la **flexibilidad** salgo del camino de la R tachada, no puedo sacar más información de ahí.

Uso la **memoria** para recordar la palabra que tenía, *Testrigo* y le quito la R, y ¡eureca!, tengo la solución, ***testigo***.

Parece mentira la cantidad de habilidades que utilizamos para un jerogrífico tan sencillo, ¿verdad? ¡Nada menos que 26 veces hemos usado las habilidades!

- 8 veces la flexibilidad
- 5 veces la memoria
- 7 veces la sensibilidad
- 5 veces la lógica
- 26 veces la conjugación

¿Por qué la **conjugación** 26 veces? Porque cada vez que cambias de habilidad estás usando la habilidad de conjugación. Cada vez que decidimos cuál es el siguiente paso o cuál es la siguiente habilidad, usamos la habilidad de conjugación.

Y por último, ¿no echas en falta una habilidad? ¡Correcto! No hemos mencionado la habilidad de la imaginación, ¿por qué? Porque el uso de la **habilidad de la imaginación** es casi constante y no se puede contabilizarla.

Durante todo ese proceso, no se puede contabilidar el número de veces que cada persona ha contabilizado el problema, la imagen del trigo, las palabras, etc.

Pero si haces memoria y te fijas, cada vez que visualizabas el problema, cada vez que veías las dos Ts, o la espiga de trigo o la R tachada, o combinabas cada elemento en tu cabeza, estabas usando la habilidad de imaginación.

Pero como puedes imaginar, cada persona visualizará esos elementos en diferente cantidad y no puedo cuantificarla, no se ajustará a la realidad, por eso no la he numerado ni la he nombrado.

¿Entonces las 25 veces que hemos usado la conjugación no es correcto? Exacto, el número de veces que usas la conjugación tampoco se puede contabilidar por el uso de la imaginación. Pero aunque no sea correcto, nos quedamos con el número 25 para que veas la importancia que tiene.

Con todo lo anterior y para finalizar el capítulo, vamos a comentar los dos tipos de comportamientos que tiene la habilidad de conjugación. Son el comportamiento por inercia y el comportamiento forzado.

Comportamiento por inercia

La manera en cómo visualizamos en este libro la habilidad de conjunción es como el plan de acción que sigue nuestro cerebro para llevar a cabo una acción, usando las diferentes habilidades intelectuales como herramientas.

La conjugación que sigue un comportamiento por inercia, es la que sale a partir de las experiencias y el aprendizaje que hemos ido adquiriendo. Además, también está influenciada por el nivel de desarrollo que tengamos de cada habilidad.

Lo que quiero decir aquí es que si no tengo una estrategia mejor, por defecto voy a usar primero las habilidades intelectuales que tengo más desarrolladas. Es decir, si tengo muy desarrollada la lógica, y no tengo una estrategia clara sobre cómo resolver una situación, pues me guiaré más por la lógica que por cualquier otra habilidad.

Lo mismo pasa con las estrategias, si durante mi vida, usando la imaginación y la flexibilidad me he servido para avanzar, pues ante cualquier situación, por inercia lo normal será usar esa estrategia, la imaginación y la flexibilidad.

En mi caso, como pudiste ver en el ejemplo del jerogrífico, estaba usando una estrategia bien definida porque la he buscado y la he entrenado. Es decir, he forzado a usar esa estrategia y con el tiempo he ido utilizándola por inercia, porque es la que más resultados me ha dado y la que mejor me ha funcionado.

Pero eso no quiere decir que sea la mejor, seguramente hayan mejores. Y tampoco quiere decir que sea algo fijo, que no vaya a cambiar nunca más. Si encuentro una estrategia mejor me forzaré a usarla.

El cambio de estrategia de forma natural, muchas veces ocurre sin que nos demos cuenta. Ya sea porque hemos mejorado otra habilidad, porque hemos probado de casualidad otra estrategia y nos ha funcionado mejor o por cualquier otro aspecto de la vida, todo acaba influyendo para el cambio.

También puedes forzar a cambiarla, que será lo que veremos a continuación.

Comportamiento forzado

Usar la conjugación con un comportamiento forzado, significa forzar de forma consciente el uso de un plan de acción.

Recuerda que un plan de acción es tener una guía sobre qué habilidades intelectuales usar y cuándo usarlas. Un ejemplo de plan de acción lo tienes en el ejercicio que hice antes sobre cómo resolver el ejemplo del jerográfico.

Al principio cuesta hacer ese cambio, y debes tirar mucho de las habilidades intelectuales de **sensibilidad** y de **flexibilidad**.

Vamos, que si quieres usar una conjugación distinta de forma forzada, tienes que estar atento de no irte por las ramas, y debes ser flexible para no dejarte llevar por la inercia.

Imagínate que quiero cambiar mi método de estudio, imagina que estudias repitiendo muchas veces lo que quieres aprender sin atender al contenido, como se solía decir cuando éramos pequeños, ¡aprender como los loros!

Imagina que decides la forma de estudiar, te centrarás en entender lo que lees. Al principio debes ir con cuidado de no irte por las ramas para evitar volver a repetir cien veces lo que quieres memorizar sin entender lo que lees, estarías volviendo al comportamiento por inercia.

De ahí surge la necesidad de usar la sensibilidad, para darte cuenta que estás usando el comportamiento por inercia, y por eso se necesita usar la flexibilidad, para volver al nuevo método, es decir a intentar comprender lo que lees.

Como ves, este capítulo es un poco complejo. He intentado simplificarlo al máximo, si no lo acabas de entender te recomiendo que lo vuelvas a leer. Es complejo porque estamos mezclando todas las habilidades intelectuales y todas se usan entre ellas.

Para verlo todo más sencillo, la clave es imaginarte las habilidades intelectuales como herramientas.

¿Verdad que puedes usar un tornabís para desmontar una taladradora?

O, ¿verdad que puedes usar una maza para aplanar la hoja de una sierra que está doblada?

Pues exactamente lo mismo pasa con las habilidades intelectuales, son herramientas que se pueden usar entre ellas y en conjunto. Son herramientas. Son tus herramientas para pensar mejor.

Y como toda herramienta, se pueden mejorar, cuidar y mantener. ¿Tienes a punto tus herramientas intelectuales para el mundo real? Seguro que sí, ¡te animo a que las cuides! Y espero que este libro te esté ayudando.

Los hábitos y la inteligencia

La imagen que acompaña a este capítulo fue publicada bajo licencia creative commons en Flickr por el usuario *cloudzilla (cloudzilla)*

Los hábitos tienen una gran influencia en la inteligencia de las personas. Si una persona ha adquirido hábitos que fomentan su inteligencia, pues le ayudará a mantener o a hacerse **más inteligente**.

Pero si una persona ha adquirido malos hábitos, hábitos que no fomentan su inteligencia y que le influye negativamente, pues esa persona cada vez será **menos inteligente** y le **costará más avanzar**.

Por ejemplo, si eres una persona curiosa y que le gusta entender las cosas, pues resulta que ese es un hábito que fomenta la inteligencia.

El motivo por el que la fomente es sencillo, al necesitar entender las cosas, te acaba costumbrando a buscar respuestas y a no conformarte con una explicación vaga o floja.

Con ese hábito estás utilizando principalmente las habilidades de **lógica**, **sensibilidad** y **flexibilidad**. Estás fomentando el uso de estas habilidades positivamente.

La influencia es positiva porque para encontrar mejores explicaciones e información más útil, tendrás que afinar cada vez más tus habilidades de lógica, sensibilidad y flexibilidad.

Sin embargo, un hábito similar pero que es perjudicial para tu inteligencia, son los temidos prejuicios. Un prejuicio es juzgar algo solo viendo lo superficial. Con los prejuicios también usas la **lógica** y la **fexibilidad**. Pero es un uso poco útil y que es negativo para mejorar tus habilidades.

Es negativo porque te quedas en la superficie y no buscas más información útil. Al no desgranar el problema, no se encuentra una explicación sólida y consistente. Lo que consigues es una explicación que es aparentemente consistente.

Como consigues una respuesta aunque no sea la mejor, ya está bien y refuerza ese hábito. Y como se va reforzando cada vez más acabas usando por inercia. Por lo tanto, cambiar ese hábito será más difícil y te irá restando ese espíritu crítico que te permite encontrar respuestas buenas tras observar los detalles de las cosas.

Estos hábitos y muchos más se pueden cambiar. Es un proceso que requiere cierta práctica. Escribí un libro sobre cómo cambiar de hábitos en el que intento explicar de la mejor manera posible el proceso de cambio de hábitos. Lo puedes encontrar en **amazon** por el título *Cómo cambiar de hábitos*.

Una buena manera para detectar cuando un hábito es perjudicial para tu inteligencia es cuando, después de usarlo, la respuesta o la acción que nos ha dado no nos hacemos sentir seguros. Y para saber si nos hace sentir seguros, la mejor forma es ponerlo a prueba con preguntas y situaciones incómodas.

Por ejemplo en el caso del prejuicio, cuando empezamos a ponerla a prueba, o si alguien nos ayuda a ponerla a prueba haciendo preguntas (con alguien es mucho más sencillo) y empezamos a dudar, a ponernos a la defensiva, a enfadarnos, a huir o a cambiar de tema, ¡pues ahí lo tienes!, la acción que vamos a aplicar es mala y muy probablemente ese hábito sea perjudicial para tu inteligencia.

¡Ya sé que muchos ahora mismo estarán nerviosos o incluso molestos ante esta afirmación! Pues bien, probablemente es que esa inseguridad sea una clara **señal interna** (habilidad de sensibilidad) que te dice que ese hábito no es. En fondo lo que solemos pensar es que es hábito nos va bien y no tenemos intención de cambiarlo.

¿Has visto? Ese es el problema, pensar que ese hábito que llevas tiempo usando ya te está bien y te incomoda cambiarlo.

Un símil gracioso sería pensar en una persona que prefiriese ir en carruaje antes que en coche porque ha sido la tradición y lo normal durante muchos años. Pues bien, esa persona puede seguir iendo en carruaje, pero irá mucho más lento que el resto de la gente y seguramente le salga un poco más caro.

Con todo esto, para finalizar este capítulo y ahora que sabemos distinguir entre los hábitos que afectan positivamente a nuestra inteligencia y los que no, te pondré una lista de hábitos que perjudican la inteligencia y otros que la favorecen:

Hábitos que perjudican nuestra inteligencia

Para cada habíto de la siguiente lista, vendrá acompañada de una explicación que argumenta por qué son perjudiciales y a qué habilidades afectan.

No nombraré en ninguno de ellos la habilidad de conjunción porque va a estar presente en cada uno de los hábitos que perjudica la inteligencia.

- **Persona que antepone su orgullo a la razón**: Una persona orgullosa es aquella que prefiere negar o no aceptar una evidencia lógica antes de aceptar que necesita cambiar su punto de vista.

  Las razones por las que una persona es orgullosa son bastante variadas, pero generalmente suele ser por comodidad, por miedo a mostrarse débil respecto a otros, por miedo a aceptar ha cometido un error, pero hay algunos más.

  Este hábito es especialmente dañino para la habilidad

intelectual de la **flexibilidad**. No aceptar el cambio implica que no vas a hacer el esfuerzo por cambiar de punto de vista, y esa es precisamente una de las funciones de la habilidad de flexibilidad.

Pero no queda ahí la cosa, también daña la **lógica**, la daña porque dejamos de usarla y perdemos práctica. Aunque por lo que he podido observar en las personas orgullosas que conozco, afecta poco a esta habilidad.

Y también afecta negativamente a la **sensibilidad**, porque significa que las señales tanto internas como externas, que vayan en contra de tu opinión las vas a ignorar o despreciar. Eso al final lleva a la persona a confundir señales o simplemente a no hacerles caso.

Por lo que he ido observando, suele afectar negativamente sobre aquello que es orgullosa la persona, y al resto no tanto.

Por ejemplo, si hablamos de una persona orgullosa de su carácter, pues no aceptará críticas, no detectará señales que le indiquen que igual su comportamiento no es el correcto, etc.

Lo mismo pasaría si la persona es orgullosa con sus decisiones, pues ver esos detalles que le indiquen que está fallando o que alguien le diga que igual se está equivocando, no lo aceptará.

- **Persona que se basa en prejuicios para juzgar**: Los prejuicios son una forma de juzgar muy común. El mecanismo es sencillo, se suele generar un juicio a partir de una porción de información y a partir de una serie de supuestos, sin saber si esa información es falsa o no.

  Un ejemplo típico de prejuicio, sería juzgar a una persona por su imagen. Imagínate que ves a una persona desaliñada, descuidada y con las ropas gastadas. Lo primero que suelen pensar la mayoría de las personas es que se trata de un fracasado. Pero, ¿y si resulta que esa persona es un diseñador de éxito? Acabas de hacer un prejuicio.

  Los prejuicios no siempre son malos, de hecho son un atajo mental necesario, porque no podemos estar procesando al detalle todas las cosas que vemos. Lo importante es ser consciente que estamos realizando un prejuicio, y eso quiere decir que podemos estar equivocados en nuestro juicio y que hay que estar predispuesto a cambiarlo si es necesario.

Si no se tiene en cuenta eso es cuando el prejuicio comienza a ser negativo para nuestra inteligencia.

Suele afectar a la **lógica** principalmente y a la **sensibilidad**.

A la **lógica** porque, como comentaba al inicio, nos hace realizar deducciones y razonamientos lógicos a partir de información falsa o inclomenta. Cuanto más se usan los prejuicios más fácil es acabar guiándote más por el prejuicio que por un razonamiento objetivo y profundo.

El motivo por el que se acaba usando más el prejuicio que la lógica es porque usar un prejuicio agota menos que hacer un razonamiento más profundo. Al resultar más fácil, por inercia es más probable acabar usando el prejucio.

Respecto a la **sensibilidad**, pues afecta negativamente porque dejamos de ver detalles que nos puedan decir más sobre esa situación o esa persona. Únicamente vemos aquellos detalles que confirman el prejuicio, pero dejamos de ver los que podrían desmontarlo, ¡es el peor efecto de los prejuicios!

Al final, lo que sucede con los prejuicios y la sensibilidad, es que nos hace ciegos a los detalles. Es como pasar a ver el mundo con ojos que no ven colores, o que no son capaces de enfocar bien, no resulta agradable, ¿verdad?

Hay una combinación de hábitos muy peligrosa, que son los prejuicios con el orgullo. Si eso se junta, a parte de que a la persona que le pase le va a ser muy difícil cambiar esos dos hábitos, estamos sumando los efectos negativos de los dos.

- **Persona que se siente vanidosa**: Las personas vanidosas están muy próximas a las personas orgullosas. Una persona vanidosa es aquella que busca ser admiarada por los demás, que se siente por encima del resto o que cree que merece ser admirado más que el resto. Vamos lo que viene siento lo contrario a humildad.

Las personas vanidosas, por la forma de ser, tienden a adaptar la realidad a lo que desean ver y eso claramente está afectando negativamente a la habilidad de **sensibilidad**.

Lo que hace una persona vanidosa, en la mayoría de los casos y sin darse cuenta, es ignorar todas aquellas señales que no dan soporte a su vanidad.

Además, la vanidad también afecta negativamente a la **imaginación**, esa persona hace proyecciones de ella misma o de cómo los demás le ven de forma incorrecta. No se ajusta a la realidad.

Esa visión de la realidad hace que cualquier información que le desmote su realidad, le haga ponerse a la defensiva y no lo acepta. Como puedes ver, esto afecta claramente a la habilidad de la **flexibilidad** porque no le permite cambiar de visión, ni de punto de vista.

Y por último, también afecta a la **memoria**. Esa persona va a ignorar las cosas que no le den soporte a su verdad, pero recordará perfectamente su verdad.

Lo que consigue aquí es perder el control sobre lo que memorizar, recordando únicamente aquellas cosas que validan su visión del mundo, dificultándole muchísimo recordar otras cosas que no tengan que ver o que no le den la razón.

- **Ver la televisión**: Aquí voy a tener que matizar, la televisión en sí no es mala para el intelecto ya que depende lo que veas podrás adquirir conocimiento interesante o hacer trabajar correctamente tu mente.

Por ejemplo si ves un documental de la BBC, con información contrastada etc. Pues seguramente aprendas cosas y eso es bueno.

Incluso si ves una serie, pues aprenderás, aunque no te des cuenta, cómo interactúa la gente, algo sobre la temática de la serie y más cosas.

El problema de la televisión es la actitud con la que la vemos y el tiempo que pasamos viéndola.

Es bastante común ver la televisión para relajarnos o para desconectar. Eso es estupendo porque ayuda a relajar mucho. El problema que tiene es que en exceso perdemos la capacidad de la **lógica** y de la **sensibilidad**.

La televisión tiene una característica muy interesante y es que suelen dar la información bien mascada y fácil de entender. El sonido y las imágenes ayudan mucho a que entre tan fácil la información. Si eso lo unimos a que solemos verla en actitud relajada, nuestro cerebro acaba por relajarse y no poner en tela de juicio o no juzga la información que recibe.

Básicamente estamos captando información sin filtros, ¡a mi me resulta un poco inquietante la verdad! No me deja muy tranquilo.

Al no poner en tela de juicio lo que se ve, en primer lugar estamos haciendo que nuestra habilidad de **sensibilidad** deje de estar atenta a los detalles y perderemos la práctica de escuchar a las señales internas y externas. Esto hace que cada vez sea más complicado hacer uso de esa habilidad.

Además, como la televisión nos da la información tan mascada y procesada, no necesitamos usar demasiado la **lógica,** y si a eso le añadimos que dejamos de poner en tela de juicio lo que vemos, pues apenas le damos uso a la lógica.

Una de las ventajas de la televisión es que la información penetra muy bien en nuestras mentes. Generalmente es información sencilla bien mascada y en forma de imágnees y sondiso, eso es muy fácil de guardar.

El problema es que depende lo que veamos nos puede afectar muy negativamente, como por ejemplo algunos programas en los que se ensalzan algunos hábitos negativos para la inteligencia como el orgullo, los prejuicios, etc. Y tras ver mucho esos ejemplos, poco a poco, la persona queda influenciada por esos hábitos.

Hábitos que favorecen nuestra inteligencia

Sin embargo hay otros hábitos que nos ayudan a potenciar nuestra inteligencia. Aquí te dejo una lista breve con su explicación de por qué son positivos y a qué habilidades afectan.

No nombraré en ningún caso la habilidad de conjunción porque está presente en cualquier hábito que favorezca la inteligencia.

- **Persona con necesidad de satisfacer su curiosidad:** Tener el hábito de satisfacer tu curiosidad es muy bueno porque te hace buscar explicaciones lógicas y consistentes.

  Eso implica que tienes que hacer un trabajo importante en el uso de la **sensibilidad** para encontrar esos detalles que completen las explicaciones.

  También ayuda a mejorar la **lógica** porque es la que conecta esa información para dar con una información que nos satisfaga y nos ayude a resolver la duda o a entender las cosas.

  También juega un papel importante la **flexibilidad**, porque al ser curioso nos obliga a tener una mente despierta y abierta al cambio. Es muy común tener que deshacer una idea por otra que sea más completa o más sencilla.

- **Juegos de lógica y estrategia:** Los juegos de lógica y estrategia son uno de los hábitos más completos y que más favorecen al desarrollo intelectual de las personas.

En estos juegos, para ganar, debes realizar buenas estrategias que construyan jugadas y se anticipen al rival. También tienes que tener la capacidad de adaptarte al cambio y a los movimientos de tu oponente.

Cuando tienes que construir una jugada, estás planificando una serie de movimientos suponiendo que vas a hacer tú y que podría hacer tu rival. Te basas en eso para buscar el movimiento que más te convenga.

Hacer esa planficación requiere del uso de la **imaginación** para proyectar en tu mente cada posible escenario. Pensar el mejor movimiento implica usar la **lógica** para encontrar ese movimiento que te de ventaja y también es necesaria la **sensibilidad** para buscar aquellos detalles que te den más visión sobre lo que puedes hacer tu o el rival.

Además, como debes adaptarte al movimiento de tu

oponente, vas a tener que dar buen uso de la habilidad de la **flexibilidad**, porque en muchos casos vas a tener que adaptar tu estrategia esos cambios. Es decir, tendrás que dejar una línea de pensamiento para centrarte en otra.

Y por último, también vas a tener que usar la **memoria**. La memoria es necesaria para acordarte de las posibles jugadas que has pensado, o de las situaciones o disposición de fichas que te pueden ser favorables o peligrosas.

Imagina que estás en una partida de ajedrez, la memoria te será útil para acordarte de alguna jugada que te sea favorable. También te puede ser útil para acordarte de alguna ficha contraria que habías mirado antes y que viste que podía hacerte un jaque.

- **Lectura:** La lectura es una actividad y un muy buen hábito para fomentar nuestra **imaginación** y nuestra **memoria**.

Al leer, siempre tenemos que **imaginarnos** qué estamos leyendo, proyectamos una imagen de lo que leemos. Por lo tanto, continuamente estamos usando la imaginación con la lectura.

Otra habilidad muy utilizada cuando leemos es la **memoria**. Es complicado leerse una novela de trescientas páginas de una sentada, más que nada que necesitamos dormir y la mayoría tendremos otras responsabilidades.

Esto nos obliga a dejar la lectura a medias y retomarla en otro momento. Al retomarla debemos acordarnos en dónde nos quedamos.

¡Pero no solo eso! En cualquier trama o descripción, se suelen hacer referencias ya sean a personajes de otros capítulos o a conceptos de otras secciones, y al hacer la referencia necesitamos usar la memoria para acordarnos de qué o quién están hablando.

- **Personas que socializan con otras personas:** Esta es quizás una de las actividades que más habilidades intelectuales necesitan. Es una actividad muy completa y muy exigente.

Es completa porque implica a todas las habilidades intelectuales que tenemos.

Y es muy exigente porque hay que reaccionar con bastante

celeridad para que la conversación no se enfríe, o para evitar que pierda la suficiente fluidez como para que nos haga sentir incómodos.

La **sensibilidad** es básica en la socialización, porque nos permite leer cambios de tonos en las frases, expresiones corporales, frases ambiguas, etc. Detalles que expresan mucho más de la persona que lo que expresa con palabras.

Escribiré un libro sobre socialización, así que daré muchos conceptos superficialmente.

Por ejemplo, la sensibilidad la usamos cuando notamos que la otra persona no sigue la conversación, no nos pregunta tanto o no muestra demasiado interés en seguir hablando.

Eso te puede decir mucho sobre la situación: inseguridad, incomodidad, vergüenza, etc. Pero son esos detalles no verbales, o verbales pero muy sutiles, que te hablan sobre lo que está pasando con esa persona en ese momento.

La habilidad de **flexibilidad** es necesaria en la socialización porque sino no podríamos ponernos en la piel de otras personas, porque nos obliga a cambiar la forma en cómo vemos las cosas. Tampoco podríamos aceptar nuevas ideas que nos pudiesen decir, o incluso nos sería difícil cambiar la percepción sobre esa persona.

Si no fueramos flexibles y nos dijeron que una persona es antipática no cambiaríamos de opinión, aunque hubiésemos visto que es simpática con nosotros, ¿qué injusto verdad?

Seguimos con la tanda de habilidades, ahora le toca a la **memoria**, en la mayoría de conversaciones se hacen referencia a otras cosas, al coche que te compraste, a la avería que tuviste, a los años de instituto, etc. Usar la memoria es una constante de cualquier conversación.

Además la memoria es muy importante porque nos da recursos para mantener una conversación. Cuantas más cosas recuerdes o sepas, más posibilidades de conversación tienes con otras personas, y más opciones tienes de compartir conocimiento con otras personas, eso ayuda a conectar muy bien.

El uso de la **lógica** es importante para ganarte un respeto y una coherencia. Si las cosas que dices no tienen una coherencia o un sentido lógico, las otras personas se pierden y acaban por no escucharte.

Pero no solo eso, si alguien te cuenta algo y no comprendes, esas personas acabarán sin contarte nada porque no se sienten escuchados por ti.

Y por último la **imaginación**, esta es una constante, es básico para ir proyectando lo que se va hablando en la conversación.

Aquí tienes una buena muestra de hábitos que puedes ir adquiriendo para ir mejorando alguna de las habilidades intelectuales que veas menos desarrolladas.

Te digo lo de siempre, paciencia y a practicar con calma y sin prisas, pero siendo constantes.

La creatividad se aprende

La imagen que acompaña a este capítulo fue publicada bajo licencia creative commons en Flickr por el usuario *Tsahi Levent-Levi (Tsahi Levent-Levi)*

La creatividad es un proceso mental muy interesante. A diferencia de lo que comúnmente se suele pensar, la creatividad es una capacidad que se puede mejorar y entender.

Es un proceso que nos permite romper con las líneas de pensamientos comunes para explorar otras líneas diferentes. Seguir otras líneas es la única forma de llegar a nuevos resultados.

Es decir, generalmente tenemos una serie de límites o barreras por los conocimientos que tenemos y por las experiencias que hemos tenido.

Esas ideas nos dan unos soportes y unas guías. Un buen ejemplo de barrera es pensar que el hierro no flota.

Sin embargo, una idea creativa proviene precisamente de romper esa barrera, el hierro sí puede flotar en el mar, ¿cómo? Los barcos modernos por ejemplo.

Que un trozo de hierro no flote en el agua, no quiere decir que no pueda flotar. Pensar que no puede flotar nos limita, no vemos que podemos construír barcos de hierro.

En su día, la idea de crear buques de hierro debió de ser bastante revolucionaria.

Normalmente la forma más sencilla para romper con un molde o con un camino de pensamiento común, es necesario usar un elemento incitador que ayude a romper con esa idea o esa barrera. En el ejemplo del barco de hierro, lo que hemos usado incitador es pensar lo contrario a que el hierro se hunde, el hierro flota en el agua.

Hay muchas otras técnicas para incitar un cambio de camino de pensamiento, se usan provocaciones o exageraciones para cambiar de enfoque. De esa manera, puedes seguir una línea de pensamiento nueva que quizás nos lleva a una solución creativa.

Es importante que tengas que cuenta que seguir un camino nuevo no significa que vayamos a encontrar una solución creativa. Hay que saber renunciar a un camino nuevo cuando se ve que no nos lleva a ninguna parte.

La importancia de la creatividad en la inteligencia como puedes ver, es que puedes obtener soluciones distintas que te llevan a mejores resultados, resultados nuevos y mejores que los conocidos.

Por el contrario, tiene un defecto, y es que si no sabes detectar a tiempo cuándo estás ante un camino incorrecto, puedes perder demasiado tiempo.

Ante el problema de estancarme en un camino, yo intento hacer dos cosas.

1. No tener miedo a tener que deshacerme de un camino. Lo que sería no tomarle cariño a una idea, no hacerla mía.

2. Si en un camino no tengo forma por la que avanzar, no tengo alternativas y las he probado todas las que se me han ocurrido, pues pruebo otro camino distinto, ese no me vale.

Por útimo quería comentar que la creatividad es una capacidad que no la catalogo como habilidad intelectual, se trata de una actividad que usa e implica a **todas las habilidades intelectuales** para funcionar correctamente.

Para acabar el capítulo, te recomiendo que leas el libro *El pensamiento lateral, manual de creatividad* de *Edward De Bono*. Es muy didáctico, ameno y explican muy bien cómo ser más creativo y cómo mejorar la ceatividad. Para mí fue una lectura muy reveladora.

Recomendaciones para una mejora eficaz de la inteligencia

La imagen que acompaña a este capítulo fue publicada bajo licencia creative commons en Flickr por el usuario *certo (Certo Xornal)*

En este capítulo te voy a explicar algunas de las directrices que utilizo yo para ir mejorando la inteligencia. Es evidente que debe haber técnicas mejores, y por supuesto si encuentras alguna mejor te animo a compartirla, sería genial. Por ahora, para mí estas han sido hasta la fecha las que mejor me han funcionado.

No tener miedo al cambio

Esta es la recomendación más importante que puedes llevarte si quieres mejorar tu inteligenica. El miedo al cambio viene muchas veces porque la situación actual ya nos va bien y no queremos correr el riesgo de perder ese punto de estabilidad por otro diferente, aunque sea mejor.

Tener miedo al cambio es un mal negocio, todo cambia, todos cambiamos, de echo lo único que no cambia en la naturaleza es que todo cambia. Por lo que tener miedo al cambio es ir en contra de la propia naturaleza.

Para perder el miedo al cambio hay que cambiar el concepto de las cosas, hay que comprender que nada es eterno, una vez comprendes eso y aceptas que resistirse al cambio es absurdo porque tarde o temprano llegará, ya tienes mucho ganado.

La cuestión es cómo sucede ese cambio, yo soy partidario de influír en él. Es decir, si voy a cambiar, que cambie hacia una dirección que me interesa a mí. Lo que no puedes es controlar en qué va a acabar el cambio y por eso hay que adaptarse. Todo esto es muy abstracto y merecería todo un libro para explicarlo mejor, así que solo quiero que te quedes con la idea de que es mejor adaptarse al cambio que resistirse a él, porque todo cambia.

Una vez explicado en qué consiste el miedo al cambio, te voy a explicar cómo influye en la inteligencia. Este miedo hace que las personas se vuelvan menos **flexibles** y menos **sensitivas**. No aceptas ideas nuevas, no aceptas cambiar de enfoque, no mejoras.

Si eres una persona que tienes miedo al cambio, te recomiendo enormemente trabajar en superar este miedo. La mejor manera de superarlo es aceptar que es y comprender que no hay nada que temer.

Paciencia y constancia, no agotar la mente

La paciencia y la constancia son dos regalos intelectuales muy valiosos.

Para mejorar la inteligencia es básico ser paciente y constante, debes tener presente que las mejoras se van realizando de forma progresiva. Como iremos viendo en este capítulo, la mente se agota y es por eso que no pueden hacerse grandes cambios, es mejor realizarlos de forma constante.

Además al cerebro no le gusta que lo estresen. Sí que es cierto que en momentos puntuales de estrés rinde muy bien, pero eso lo agota también.

Un cerebro agotado es mucho menos efectivo que un cerebro bien descansado. Es como si a un atleta le hacen correr diariamente los cien metros lisos, al cabo de pocos días su rendimiento caerá en picado, y casi seguro que acabará sufriendo alguna lesión. Pues con el cerebro pasa exactamente lo mismo.

La constancia es una manera de ir mejorando de forma progresiva y natural. Al exigirle al cerebro de forma progresiva, haremos que los nuevos conocimientos y las mejoras anteriores se vayan afianzando con más fuerza en nuestra mente.

Recuerda que nuestro objetivo es que el uso correcto de las habilidades intelectuales se haga de forma natural.

A todo esto, es importante saber dar descanso a la mente. ¿Pero es cierto que la mente se agota? Sí, ¡se agota y mucho! Lo que pasa es que lo percibimos de forma diferente que el cansancio físico. Se sule mostrar con pérdida de concentración, mal humor o desgana, pérdida de memoria y pereza a la hora de realizar tareas intelectuales.

El agotamiento surge por estrés o por el uso continuo e intenso de la mente. Cuando esto te ocurra, lo ideal es buscar otras actividades o tareas que no requieran de demasiado esfuerzo intelectual para darle descanso.

Este descanso ayuda a afianzar mejor los cambios, los recuerdos y las mejoras. Si no descansamos, al final las cosas las haremos mal y a desgana y corremos el riesgo de que hacer las cosas mal sea lo habitual, es decir, en vez de mejorar empeoraríamos... mal asunto.

Pon a prueba tu mente

Una de las mejores formas de mejorar tu mente es ponerla a prueba, ponerle retos. Pueden ser retos intelectuales como acertijos, juegos de estrategia, etc. O pueden ser retos sociales como conocer a gente nueva o vivir experiencias nuevas.

Lo ideal es encontrar alguna forma de cuantificar el progreso en los retos.

Yo durante mucho tiempo he hecho acertijos y juegos de lógica y eran fáciles de cuantificar porque normalmente estaban clasificados con puntuaciones de dificultad. Cuando me veía capaz de hacer con regularidad acertijos más difíciles es que había mejorado.

Otra forma de cuantificar era mediante el nivel de dificultad de los juegos de estrategia, por ejemplo jugar contra la máquina al ajedrez, me permite ir subiendo de nivel de dificultad cada vez que mejora mi juego.

Y por último, otra forma de cuantificar es buscando referencias. Por ejemplo, imagina que tengo dos amigos Carlos y Mireia. Mireia siempre me gana al ajedrez y con Carlos siempre empato.

Si paso un tiempo mejorando mi inteligencia, y sé que ni Carlos ni Mireia han trabajado en mejorarla y sé que se han mantenido, al volver a jugar con ellos, si les gano, entonces es bastante probable que haya mejorado.

Hay muchas otras maneras de buscar referencias y de cuantificar tu progreso. Pero ponerle retos a tu mente es básico y acaba siendo muy excitante. Son con los retos cuando se demuestra cómo de interiorizado tienes las mejoras que has realizado, y es cuando sientes la recomensa de ver tus progresos tras conseguir mejorar tus resultados.

El mundo está lleno de retos y de dificultades por eso es importante acostumbrarte a poner a prueba tu mente. Es por eso que me decidí escribir este libro, a mi me ha servido para pasar con mayor éxito alguno de esos retos y sigo mejorando para intentar pasar con igual o mayor éxito los siguientes.

Creo que las cosas son más sencillas cuando aplicas la inteligencia a la vida, y en mi opinión el mundo está lleno de cosas interesantes como para complicarse la vida, por eso me gusta hacer que las cosas sean sencillas.

Espero que hayas disfrutado de la lectura y que todo lo que he explicado aquí te sea al menos tan útil cómo me fue a mí. Creo que vale la pena trabajar por mejorar la inteligencia, y por eso te animo a seguir con ello. ¡Ánimos!

www.ingramcontent.com/pod-product-compliance
Lightning Source LLC
Chambersburg PA
CBHW060336290526
45793CB00003B/637